Prophètes d'hier pour hommes d'aujourd'hui

(Volume 1)

André Boulagnon

Edité et imprimé par l'Association Viens et Vois
1 chemin de la Garde
69290 Grézieu la Varenne

Dépôt légal 1er trimestre 2000

ISBN 2-909289-79-6 (Volume 1)
ISBN 2-909289-80-X (Volume 2)

TABLE DES MATIERES

INTRODUCTION

Des prophètes – Pourquoi ?

Parce que l'homme n'est pas seul au monde. Il n'est pas sa propre origine ni sa propre fin.

Il est une créature de Dieu, d'un Dieu qui l'aime au point de lui avoir laissé la liberté de lui tourner le dos... ce qu'il a fait ! D'un Dieu qui l'aime encore après cela, au point de lui crier son amour, même si mal payé en retour. C'est pour cela qu'il y a des prophètes.

Un prophète, c'est un homme que Dieu s'est choisi pour interpeller l'homme dans sa marche vers le néant, et pour lui crier : "Reviens !" L'homme préfère, en général, être diverti qu'averti. C'est pour cela aussi qu'il y a des prophètes. Leur force réside dans leur persévérance à lutter contre le courant qui descend toujours plus bas vers le marécage où l'on s'englue. C'est pour cela que nous avons besoin de leur enseignement. Dieu les utilise comme porte-voix, comme porte-parole parmi les hommes. Ils osent nous dire quelle folie nous préférons à la sagesse divine. Ils nous avertissent du péril où nous sommes. Car, comme le disait Jean-Baptiste (Mat. 3/10) *"Déjà la cognée est mise à la racine des arbres... Tout arbre qui ne porte pas de bons fruits sera coupé et jeté au feu !"*

Des prophètes pour notre temps

Plus que jamais nous avons besoin des prophètes. Des vrais, de ceux qui ne se contentent pas de dire ce qui va arriver, mais aussi, mais surtout, de nous dire ce qu'il faut faire pour y échapper. Les prophètes ont averti les hommes dans le passé, en de multiples circonstances. Leurs prophéties rassemblées dans la Bible portent la marque de Dieu. C'est la précision et la véracité de leurs prédictions qui rendent leur parole crédible.

C'est là le principal intérêt des prophéties. Non pas tant d'éclairer loin devant nous la route de l'avenir, mais bien plutôt notre chemin, à nos pieds. *"Ta parole est une lampe à mes pieds, et une lumière sur mon sentier"* (Ps. 119/105).

La prophétie réalisée nous rassure, réconforte, apaise. Elle nous montre que Dieu est là derrière le fatras inextricable des événements enchevêtrés. Elle nous montre que l'histoire a un sens même si son apparence touffue et confuse nous déconcerte. Jésus lui-même avait ainsi enseigné ses disciples ; il leur annonçait les choses à venir non pas pour satisfaire leur soif de "savoir", ni pour répondre à leur curiosité, mais pour qu'ils croient en lui en voyant leur réalisation. (Jean 13/19 ; Jean 14/29).

Des prophéties réalisées ? Il n'en manque pas. Prophéties sur Tyr, sur Babylone, Jérusalem, Capernaüm. Prophéties sur la venue du Messie.

Prophéties sur le temps de l'Eglise, prophéties sur notre temps. Que de preuves de la présence de Dieu dans l'histoire des hommes !

La voix des prophètes retentit toujours dans les Ecritures. Saurons-nous les écouter ?

Les prophètes de l'Ancien Testament sont des personnes dynamiques qui s'adressent encore à nous, à notre époque en nous lançant un prodigieux défi. Aucun ensemble d'hommes dans toute la littérature ne présente une image plus colorée. Le chrétien diligent trouvera en eux un exposé des conditions politiques, sociales et religieuses de la période de l'Ancien Testament qu'il ne peut trouver d'aucune autre façon. Ces hommes de Dieu nous donnent une interprétation de l'histoire que nous ne pouvons manquer, et une connaissance se déployant graduellement du dessein éternel de Dieu pour Israël et les nations.

Ils jettent de la lumière sur notre propre époque et notre propre situation en annonçant les principes éternels de la providence divine qui opéreront toujours, chaque fois que des conditions similaires seront présentes. C'est un truisme de dire que, dans le plan de Dieu, les mêmes choses sont vraies aujourd'hui qui étaient vraies à l'époque de l'Ancien Testament. Si nous sommes coupables des mêmes péchés, nous pouvons être sûrs d'être châtiés de la même manière. Il est en effet facile pour nous de recevoir la parole de Dieu pour notre époque si, capables d'analyser notre propre situation, nous allons vers les prophètes pour trouver leurs déclarations sur la prescription de Dieu pour une condition semblable.

Il est certain qu'une étude soigneuse de la vie de ces hommes peut nous pousser à modeler notre vie d'après leurs normes. Nous aurons une conception plus sévère du comportement moral. La couleur sera ajoutée à notre présentation de la vérité. Les imaginations brûleront d'une nouvelle activité. Reconnaissant la proximité de Dieu, nous sortirons pour prendre notre place comme défenseurs actifs des opprimés de la terre, préparés à rester seuls si nécessaire dans notre loyauté à notre Dieu. La vie prendra un sens différent lorsque nous aurons pris conscience que nous sommes les vases choisis par Dieu, pour un engagement impérissable à faire sa volonté.

Une étude du déploiement graduel du plan de Dieu nous conduira directement à Jésus-Christ comme accomplissement de la prophétie. Il prendra sa place de Roi des rois, Seigneur des seigneurs, grand Souverain Sacrificateur, serviteur souffrant qui porta nos péchés dans son propre corps sur la croix. C'est une étude merveilleuse. Puisse le Saint-Esprit nous guider tandis que nous voyageons le long de cette route.

Noms donnés aux prophètes

Plusieurs noms furent utilisés pour ces hommes qui vinrent vers le peuple avec un message distinct de la part de Dieu.

Le mot "ro'eh", "voyant", est utilisé onze fois dans l'Ancien Testament pour décrire les précurseurs spirituels des prophètes. Le terme indique des pouvoirs spéciaux de vision.

Le verbe signifie "voir". Samuel était un voyant qui avait atteint dans sa communauté la réputation de quelqu'un qui réussissait à recevoir des réponses mystérieuses de l'inconnu.

Le mot "chozeh" est utilisé vingt-deux fois dans l'Ancien Testament pour exprimer la même idée de voir ou de contempler. Balaam, Gad et certains des prophètes qui ont écrit sont appelés "voyants" ou "contemplateurs". Les premières fonctions du voyant sont absorbées par celles des derniers prophètes. Ces deux titres mettent l'accent sur le mode de réception de la vérité plutôt que sur la façon dont ils vont se comporter pour opérer les délivrances.

Le mot "nabhi", trouvé trois cents fois dans l'Ancien Testament, met l'accent sur l'émission du message et non sur la vision. Nous ne pouvons pas être dogmatiques sur son origine, mais c'est très probablement un nom actif de la vieille racine sémitique "naba", "prononcer, proclamer, parler". Un verbe parent se trouve en assyrien et en arabe avec une signification voisine. En arabe, il semble signifier la proclamation d'un message spécial de la part de quelqu'un qui en a la charge et qui le dit. En Exode 7/1, Moïse reçoit Aaron comme son prophète pour énoncer la parole. Deutéronome 18/18, Jérémie 1/9 et 15/19 semblent indiquer que le prophète de Dieu était quelqu'un de qualifié, appelé et chargé de dire la Parole de Dieu aux hommes. Le mot français "prophète" représente le grec "prophetes", qui indique "quelqu'un qui parle de la part d'un autre" ou "en faveur d'un autre". L'idée de prédiction est présente dans le mot à travers tout l'Ancien Testament. Cependant les prophètes étaient d'abord des gens qui parlaient ou des prédicateurs pour leur époque, des témoins aussi bien que des hommes prédisant l'histoire à venir.

Le prophète était également désigné par des termes tels que "veilleur", "homme de Dieu", "serviteur de l'Eternel", "messager de l'Eternel", "interprète" et "homme de l'Esprit". Chacun de ces termes était employé pour la situation particulière qui l'appelait. L'un des titres les plus appropriés utilisés est celui "d'interprète". Assurément, c'était la tâche primordiale du prophète !

Les marques d'un prophète

Comment allons nous reconnaître le prophète ? Quelles sont ses marques distinctives ?

1. Il est toujours un individualiste intransigeant. Il ne peut être lié par des conventions ou par l'opinion publique, ou être retenu par la prudence des diplomates.

2. Il est conscient d'un appel divin qui le tient à la tâche indiquée par son Dieu. Il doit toujours se rappeler qu'il est comme la bouche de Dieu. Il doit obéir à la divine force intérieure.

3. Il est conscient du privilège d'avoir accès au conseil intime du Seigneur. Il est en contact immédiat avec Dieu. Il est le porteur de secrets précieux depuis le trône de Dieu jusqu'aux hommes qui en ont besoin.

4. Il est habituellement un homme d'action ayant une certaine rudesse de corps et de caractère qui s'impose à l'attention dans tout rassemblement. Etant ardent, son message sera de nature à provoquer antagonisme et opposition.

5. Il est conscient de l'autorité et du soutien de Dieu dans tous les cas d'urgence. Il est habituellement vrai qu'il se tient seul contre pratiquement tous ses contemporains. Même les chefs religieux (prêtres et prophètes conventionnels) qui habituellement trouvent le temps d'avoir des relations sociales, contrastent constamment avec l'étrange position des prophètes de Dieu.

6. Il est d'une manière très déterminée un homme de prière et de communion. Sa vie isolée, solitaire, lui donne beaucoup de temps pour rester en contact avec Dieu.

7. Il est pur et consacré dans sa vie et son caractère. Dans toute la longue lignée des prophètes authentiques, nous ne trouvons pas un seul soupçon de critique contre la vie morale de l'un quelconque d'entre eux. Chacun vécut une vie séparée.

8. Il est un critique sans ménagement des maux spécifiques de l'ordre social. Les rois, les prêtres, les princes, les nobles et les juges sont dénoncés sans crainte. Il n'a pas affaire à des abstractions. Guidé par la volonté de Dieu, il

élève la voix dans une violente protestation contre toute personne ou institution méritant d'être dénoncée.

9. Il est l'agent de Dieu pour révéler l'avenir au peuple. Il est tout à fait vrai que sa tâche principale est de prêcher à sa propre époque. Nous ne devons pas, toutefois, perdre de vue le rôle que joue le prophète en révélant le dessein de Dieu pour l'avenir. Il reçoit une connaissance particulière de la volonté de Dieu pour les générations encore à naître.

La liste des prophètes

Il est impossible de donner l'ordre exact ou de fixer la date précise de ces hommes de Dieu qui prêchèrent son message. Nous commencerons par en faire la liste en estimant la date approximative de leur ministère. Nous présenterons plus tard une étude plus détaillée des facteurs déterminant la date.

Le groupe primitif :

Moïse	1447 ou 1229 en Egypte
Samuel	1100 en Israël
Elie	870 "
Elisée	850 "
Abdias	vers 870 "
Joël	835-820 à Jérusalem
Jonas	800-780 en Israël

Le groupe du huitième siècle :

Amos	vers 760 en Israël
Osée	750-725 "
Michée	745-715 à Jérusalem
Esaie	740-680 "

Le groupe du septième siècle :

Nahum	650-612 à Jérusalem
Sophonie	630-622 "
Habakuk	610-605 "
Jérémie	626-585 " et en Egypte

Le groupe de l'exil :

Daniel	606-530	à Babylone
Ezéchiel	592-570	"

Le groupe post-exilique :

Aggée	520-516	à Jérusalem
Zacharie	520-516	"
Malachie	vers 450-400	"

Beaucoup d'entre eux n'ont pas laissé d'écrit. Les livres de Samuel, des Rois et des Chroniques nous rapportent les noms de quelques-uns d'entre eux : Elisée, Nathan, Gad sont parmi les plus connus. Il y a eu aussi des prophétesses comme Houlda (2 Rois 22/14) qui avait un grand prestige auprès du peuple d'Israël.

La psychologie du prophète

C'est Dieu lui-même qui adresse vocation au prophète. L'Esprit du Seigneur enseigne les prophètes (1 Rois 22/24 - 2 Chr. 15/1 ; Néh. 9/30 ; Eze. 11/5 . Joël 1/1-3 ; Mic. 3/8 ; Zac. 7/12...). L'action divine n'est point en désaccord avec la psychologie humaine.

Comment les prophètes recevaient-ils leurs messages et les donnaient-ils au peuple ?

Comment Dieu agissait-il avec eux pendant qu'ils transmettaient des messages à leurs auditeurs ? Comment expliquer le songe, l'état extatique ? Dieu se sert occasionnellement d'une voix audible, ou d'un ange (Nom. 7/89 ; Dan. 9/21), mais il communique d'ordinaire ses directives au moyen de songes, de visions et de suggestions dont les prophètes reconnaissent l'origine divine, extérieure à eux-mêmes.

Ces inspirés ne sont pas de façon permanente sous l'emprise du Saint-Esprit. Ils attendent la révélation de Dieu (Lév. 24/12). Leur pensée est distincte de celle du Seigneur (1 Sam. 16/6-7). Un exemple : Nathan lui-même approuve

David, désireux de construire le temple ; mais il doit lui dire ensuite que Dieu s'oppose à ce projet (2 Sam.7/3).

Les prophètes ne transmettent les révélations qu'au moment choisi par le Seigneur.

Après les jours d'Elie, la prophétie hébraïque devint de plus en plus éthique et religieuse par nature.

Dans l'ensemble, nous pouvons dire que ces hommes demeuraient des êtres humains normaux, même si la conscience du contrôle divin exerçait une forte influence sur leur personnalité. Ils étaient des âmes ardemment sensibles à la main de Dieu sur eux. Ils étaient conscients d'une relation unique avec le Seigneur, qui leur donnait une communication directe avec lui et une responsabilité correspondante pour délivrer son message à tout le peuple. Leurs processus mentaux étaient stimulés et guidés par l'Esprit, qui les revêtait de puissance. L'imagination, la mémoire et la raison étaient sans doute élevées, de même que l'intuition et la connaissance spirituelle.

L'Esprit de Dieu choisissait des hommes appropriés à son dessein. Les prophètes de Dieu n'avaient rien en commun avec les derviches dansant et hurlant. L'une des meilleures preuves d'un vrai prophète est qu'il était capable de conserver sa conscience et son auto-contrôle pendant qu'il recevait et délivrait ses messages. Il semble que Jérémie, par exemple, recevait une grande partie de ses révélations les plus belles tandis qu'il était en possession de sa conscience mentale normale. Il était conduit par l'Esprit à percevoir et saisir la vérité qui était appropriée et précieuse pour sa situation particulière. C'est tout à fait normalement qu'il entra en possession de la parole de Dieu pour son temps. Il n'abdiqua certainement pas sa conscience.

La personnalité n'était jamais annulée lorsque le prophète recevait sa déclaration. Il était activement alerte, conscient des besoins et des problèmes de son peuple. Il s'appliquait énergiquement à la tâche de recevoir le message de Dieu. En aucun sens, il n'était passivement ouvert, de sorte que, sans effort, les paroles puissent couler à travers lui, sans être colorées par son propre esprit, son propre fond et sa propre personnalité. C'était vraiment le message de Dieu au peuple, mais il était exprimé dans le langage de l'homme que Dieu honorait de la responsabilité de traduire son enseignement à des esprits humains. Ceci est clairement illustré par le langage poétique classique d'Esaïe et les phrases brusques, prosaïques de Michée. Dans chaque cas, c'était la pleine pensée de Dieu envoyée aux hommes par l'intermédiaire de la personnalité humaine du prophète.

Le prêtre et le prophète

Dans l'histoire religieuse du monde, deux types d'esprits se heurtent invariablement : celui du prêtre et celui du prophète. Le prêtre met d'abord l'accent sur le culte et trouve sa joie dans les cérémonies et les observances rituelles. Il est enclin à être un conservateur qui trouve difficile d'adorer Dieu sauf par le moyen de cérémonies et de liturgies élaborées. La moralité a une place dans sa théologie, mais ce n'est pas une place primordiale. Le formalisme devient l'un de ses plus gros péchés, car la religion tend à devenir cela. Le prophète met l'accent principal sur la vie, sur la conduite, sur la qualité morale. Il s'oppose constamment à la personne qui dépend de l'accomplissement purement négligent de tâches régulières. Il irrite, dénonce, se tient seul dans ses exigences, insiste sur l'application des principes éternels de Dieu à la vie. Pour lui, la conduite est beaucoup plus importante que les cérémonies. Il est un professeur d'éthique, un réformateur moral, un dangereux perturbateur de l'esprit des hommes. Il s'attaque constamment aux péchés, aux vices, aux chutes et cherche à pousser les hommes à des vies sanctifiées.

Dans le Nouveau Testament, Jésus reprit le combat et le poursuivit contre les scribes et les pharisiens pour qui prédominaient les jeûnes, les règles, les fêtes et les cérémonies. Son accent était l'accent prophétique. Les hommes doivent changer de vie, se comporter comme des créatures de Dieu, mettre l'accent où le prophète l'a toujours mis. Il ne s'appela pas une seule fois prêtre. L'auteur de l'épître aux Hébreux parle de lui comme d'un prêtre, mais met rapidement en garde contre la pensée qu'il y a quelque lien que ce soit avec le groupe sacerdotal depuis les jours de Melchisédek. Lorsque la chrétienté perdit son pouvoir et devint une religion sacerdotale, l'accent passa naturellement de la conduite aux cérémonies. Le résultat naturel arriva, et l'Eglise, avec un rituel somptueux et des cérémonies élaborées, devint immorale et faillit à sa mission prophétique. Ceci sera toujours vrai tant que nous manquerons de nous préoccuper de la religion de la vie qui aboutit à une conduite divine.

Dans le contexte historique qui va nous occuper, l'événement qui provoqua l'œuvre des prophètes fut l'apostasie des dix tribus à la fin du règne de Salomon (1 Rois 12). Par calcul politique, afin de marquer clairement la séparation entre les deux royaumes (Nord = Israël – Sud = Juda), le royaume du Nord adopta comme religion nationale le culte du veau, religion de l'Egypte. Peu après, ils y ajoutèrent le culte de Baal qui finit aussi par avoir une emprise sur le royaume du Sud.

C'est dans ce moment de crise, alors que le nom du Dieu vivant était en train de disparaître des pensées des Israélites et que les desseins de Dieu pour la rédemption du monde semblaient en train de sombrer, qu'apparurent les prophètes. Cette période prophétique dura approximativement 400 ans (800 à 400 avant J.C.). L'événement central de cette période fut la prise et la destruction de Jérusalem par Nébucadnetsar (à peu près au milieu de cette période prophétique - 586 avant J.C.). Ayant échoué dans leur tentative pour sauver la ville sainte - qui ne l'était pas - les prophètes débordèrent néanmoins d'explications et d'assurances divines quant au fait que la décadence de la nation de Dieu ne signifie pas pour autant la fin des desseins de Dieu : après un temps de punition viendrait un temps de restauration pour le peuple de Dieu.

La pensée la plus constante de l'Ancien Testament est celle-ci : le Dieu de la nation hébraïque va un jour devenir le Dieu de toutes les nations.

Les générations successives d'auteurs de l'Ancien Testament vont du général au particulier, dans leurs descriptions des détails et de la manière dont cela se fera.

Ils le font aussi dans les écrits des prophètes, bien que

certaines de leurs prédictions soient voilées par les événements historiques de leur propre époque.

Toute l'histoire du Messie et de la propagation du christianisme sur la terre est cependant décrite d'avance, à grands traits et en détail, dans un langage qui ne peut s'appliquer à rien d'autre dans l'histoire de notre humanité.

QUELQUES RÉFLEXIONS SUR LA CHRONOLOGIE BIBLIQUE

Si nous voulons saisir le lien qui existe entre la révélation divine et les événements historiques, nous devons connaître la date des événements bibliques.

La chronologie (chronos en grec) est le fait de dater les événements historiques à l'intérieur du temps. La Bible y attache une certaine importance. Par exemple, les prophètes datèrent leurs écrits pour indiquer l'arrière-plan historique de leur message.

Les renseignements chronologiques qu'ils nous apportent nous permettent de mieux comprendre pourquoi Dieu dit ce qu'il dit et pourquoi il fit ce qu'il fit à chaque époque particulière.

Le peuple d'Israël a toujours suivi avec grand soin son calendrier lunaire qui faisait coïncider les fêtes religieuses avec certaines saisons de l'année. La Bible ne livre pas sa chronologie selon le calendrier en usage aujourd'hui.

Pour établir dcs dates exactes, il nous faut d'abord déterminer quel fut le système de datation du règne des rois et comparer ensuite ce système avec les monarques assyriens et babyloniens.

Les Assyriens basaient leur histoire sur l'astronomie et nous sommes en mesure aujourd'hui de vérifier l'exactitude des dates assyriennes par rapport aux mouvements des étoiles.

Ainsi nous pouvons ensuite utiliser ces diverses informations pour fixer la date exacte des événements de l'Ancien Testament.

Les listes des Assyriens éponymes nous fournissent également la date des rois d'Assyrie (un personnage éponyme est quelqu'un qui a donné son nom à une certaine période de l'histoire).

Des tablettes d'argile de Ninive, par exemple, nous fournissent le nom de dirigeants assyriens qui établirent des relations avec les rois d'Israël.

En comparant les récits assyriens et hébreux, nous obtenons une foule de renseignements sur la chronologie des rois d'Israël et de Juda.

Après la mort de Salomon et le schisme, il semble que les chroniqueurs de Juda, au sud, datèrent le règne officiel de leurs rois à partir du mois hébreu Tishri (septembre/octobre), le premier mois de l'année civile juive. En Israël, royaume du nord, les scribes utilisaient le mois de Nisan (mars/avril), le premier mois de l'année religieuse juive.

Un exemple pour mieux comprendre et établir la preuve de ce genre de calcul.

2 Rois 22/3.13 et 23/21.23 nous montrent comment les hommes du roi Josias découvrirent un livre de la loi dans le temple et comment Josias rétablit la Pâque juive le 14ème jour traditionnel de Nisan.

Le texte dit que ceci se produisit la 18ème année du règne de Josias.

Si l'auteur de 2 Rois a pris comme base de calcul, pour compter les années du règne de Josias, le mois de Nisan, ceci reviendrait à dire que les sacrificateurs purifièrent le temple pour la Pâque en un maximum de 14 jours, entre le premier et le quatorzième jour de Nisan, ce qui est peu probable.

Il se peut donc qu'il ait calculé que la 18ème année du règne de Josias a commencé à l'automne précédent, au mois de Tishri.

Le fait de connaître ces deux différents modes de calcul des années ne résout pas tous les problèmes.

Les historiens de l'époque ne faisaient pas toujours preuve de logique lorsqu'ils parlaient de la première année d'un roi sur le trône, parce que chaque roi décidait pour lui-même comment ses chroniqueurs historiques traiteraient ce sujet. Pour établir des dates exactes, il faut d'abord déterminer quelle fut la méthode employée par tel roi pour calculer les années de son règne. Lorsque nous étudions les dates des rois, il nous faut aussi comprendre que certains règnes se chevauchèrent.

Ceci se produisit lorsqu'un fils régnait conjointement avec son père, les mêmes années étaient alors prises en compte pour les deux règnes. Cette situation se présenta à plusieurs reprises.

Le tableau que nous vous proposons n'est pas définitif dans tous ses détails.

De légères modifications sont possibles en divers points mais elles n'affectent pas pour autant l'ensemble de la chronologie.

(La date exacte de la mort de Salomon n'est pas connue. Les différents systèmes de chronologie la placent entre 945 et 925 avant J.C.).

Avec l'époque royale, la constitution d'archives officielles, le développement de l'écriture et la naissance de l'historiographie hébraïque, on dispose d'un certain nombre de données chronologiques essentiellement consignées dans 1 et 2 Rois et 1 et 2 Chroniques ainsi que chez certains prophètes.

Ces données concernent trois périodes différentes :

A : La monarchie unifiée de Saül, David et Salomon,

B : Les deux royaumes d'Israël et de Juda après le schisme jusqu'à la chute de Samarie en 722 avant J.C.,

C : Le royaume de Juda jusqu'à la chute de Jérusalem en 586 avant J.C.

Nous qui sommes habitués à une chronologie absolue, par ère, qui situe tous les événements par rapport à un même événement et à une même date de référence, nous risquons d'être un peu désarçonnés avec la chronologie biblique.

CHRONOLOGIE DES ROIS ET PROPHETES D'ISRAEL ET DE JUDA APRES LA MORT DE SALOMON EVÉNEMENTS PARMI LES NATIONS AVOISINANTES

Dates Approximatives	Références bibliques	Prophètes d'Israël	Prophètes de Juda	Rois d'Israël	Rois de Juda	Peuples étrangers
931	1 Rois 14		Achija ou Ahiya	**Jeroboam 1er** (22 ans)	**Roboam** (17 ans)	En Egypte règne de **Sheshonq 1er** (945-925) Invasion de Juda
				Le schisme		
915	1 Rois 15/1-2 2 Chr. 13/1-2				**Abija** (3 ans)	
912	1 Rois 15/9-10				**Asa** (41 ans)	
910	1 Rois 15/25			**Nadab** (2 ans)		
	1 Rois 15/28-33			**Baescha** (24 ans)		
900	1 Chr. 15/19-16/1-2				Asa s'allie à Ben Haddad contre Baescha	**Ben Haddad 1er** (Damas)
886	1 Rois 16/8			**Ela** (2 ans)		
	1 Rois 6/10-15			**Zimri** (7 jours)		
	1 Rois 16/15-16			**Omri** (12 ans)		
875	2 Chr. 17				**Josaphat** (25 ans)	**Ben Haddad II** (Damas)
874	1 Rois 16/29 1 Rois 22/8-28 2 Chr. 18/6-27	Elie Michée		**Achab** (22 ans)		
870	1 Rois 22/41-42				1ère année de règne où Josaphat règne seul.	

Dates approximatives	Références bibliques	Prophètes d'Israël	Prophètes de Juda	Rois d'Israël	Rois de Juda	Peuples étrangers
	2 Rois 8/18-26				Il marie Joram son premier né, à une fille d'Achab, Athali	
853	1 Rois 22/52			**Achazia** (2 ans)		Achab allié à Damas, vaincu par **Salmanasar III** (bataille de Qarqar) Guerre contre Moab
	2 Rois 1/17, 3/1	Elisée				
				Joram (12 ans)		
	2 Rois 8/16-17 2 Rois 6/24				**Joram** règne seul (8 ans)	Ben Haddad assiège Samarie
845-803	2 Rois 8/25-36					Ben Haddad assassiné, remplacé par **Hazael**
		Abdias ?		Joram tué par Jéhu	Achazia (1 an) tué par Jéhu	
842				**Jéhu** (28 ans) s'empare du trône		Jéhu et Hazael paient le tribut à Salmanasar III
	2 Rois 11/4,12/1				Joas (seul héritier) caché pendant 2 ans loin d'**Athalie** qui usurpe le trône (7 ans)	
840						Salmanasar III en guerre contre Hazael
			Joël ?			
836	2 Rois 11/4,12/1				**Joas** (40 ans) Athalie est tuée	
814	2 Rois 12/6				Essai de restauration du Temple	
	2 Rois 10/32			Hazael contre Israël		
	2 Rois 10/35-36 2 Rois 12/17 2 Rois 13/3,22			**Joachaz** (17 ans) Hazael prend Gath et Jérusalem et continue à opprimer Israël		

Dates approximatives	Références bibliques	Prophètes d'Israël	Prophètes de Juda	Rois d'Israël	Rois de Juda	Peuples étrangers
800	2 Chr. 24/25 2 Rois 13/10 2 Rois 14/1			**Joas** (16 ans)	Joas très malade, **Amatsia** se met à gouverner (29 ans)	
797	2 Rois 13/20				Joas est tué, Amatsia seul roi	Les Moabites envahissent Israël
785	2 Rois 14/21		Esaïe	**Jeroboam II** (41 ans)	**Ozias** ou Azaria (52 ans)	
782	2 Rois 14/19	Jonas Amos Osée			Conspiration contre Amatsia	
	2 Rois 14/17				Amatsia survit 15 ans à Joas	
	2 Rois 14/19				Amatsia tué, Ozias roi	
771	2 Rois 14/22				Il bâtit Elath après la mort d'Amatsia	
758	2 Rois 15/1				Puissance de son règne	
753						**Fondation de Rome**
751	2 Rois 15/5				Ozias devient lépreux	
	2 Rois 15/32-33		Esaïe		**Jotham** (16 ans)	**Tiglath Pileser III** d'Assyrie
	2 Rois 15/8			**Zacharie** (6 mois)		
	2 Rois 15/13			**Shalloum** (1 mois)		
	2 Rois 15/17			**Menahem** (10 ans)		
742					Achaz règne associé	
738	2 Rois 15/19			Menahem paye le tribut à Pul		
736	2 Rois 16/1-2		Esaïe		**Achaz** roi (16 ans)	
735	2 Rois 15/23			**Pekachia** (2 ans)		

Dates approximatives	Références bibliques	Prophètes d'Israël	Prophètes de Juda	Rois d'Israël	Rois de Juda	Peuples étrangers
734	2 Rois 15/27			**Peka** (20 ans) reçoit un tribut d'Achaz	Ozias meurt	
733						Tiglath Pileser prend Damas et Gaza
730	2 Rois 15/30 2 Rois 17/1			**Osée** (9 ans)		
729	2 Rois 18/1-2		Esaïe Michée		**Ezéchias** (29 ans) co-régnant	
727						Salmanasar V
722				**Déportation des 10 tribus**		Chute de Samarie
721						Des immigrés d'Assyrie viennent peupler Samarie sous Sargon II
720						Sargon II vainc le pharaon So, roi d'Egypte
716					Achaz meurt Ezéchias seul roi	
	2 Chr. 29 à 31				Réforme d'Ezéchias, sa révolte contre l'Assyrie	
703 ?	2 Rois 20/1-11				Maladie et guérison d'Ezéchias	
702 ?	2 Rois 18/13, 19-34				Ezéchias enfermé dans Jérusalem après avoir payé le tribut	Senna Cherib ou **Sancherib** envahit la Philistie et Juda
701	2 Rois 19/9					Bataille d'Eltégé (DAN) et délivrance de la main de Sanchérib
686	2 Rois 20/21		Jérémie		Mort d'Ezéchias	
681	2 Rois 21/1				**Manassé** (55 ans)	Sanchérib assassiné **Esar-Haddon** roi d'Assyrie (681-669)

Dates approximatives	Références bibliques	Prophètes d'Israël	Prophètes de Juda	Rois d'Israël	Rois de Juda	Peuples étrangers
669	2 Chr. 33/11				Manassé déporté à Babylone par les Assyriens	**Assurbanipal** (669-627) prend Babylone et détrône son roi
639					Manassé paye le tribut aux Assyriens	
638	2 Rois 21/19 2 Rois 22/1		Nahum Sophonie Habakuk		**Amon** (2 ans) **Josias** (31 ans)	
626	2 chr. 34/3				Il cherche l'Eternel, il purifie la nation	**Nabopolassar** (626-605) roi de Babyloone. Chaldéens indépendants de l'Assyrie
612						**Chute de Ninive**
609	2 Rois 23/23				Réformation par Josias	**Neco II**, roi d'Egypte
	2 Rois 23/29				Josias tué par Neco II à Méguiddo	
	2 Rois 23/31				**Joachaz** (3 mois)	
608	2 Rois 23/36				**Jéhojakim** (11 ans)	
605	Jér. 25/1, 46/2		Daniel		Jéhojakim et Neco II vaincus à **Karkemich**	**Nebucadnetsar** (605-562) roi de Babylone
604	Jér. 36/9-23				Jeûne public le rouleau de Jérémie est brûlé	
603	Daniel 2/1					Songes de Nebucadnetsar
602	2 Rois 24/1				Jéhojakim se révolte contre Nebucad-netsar après avoir payé le tribut pendant 3 ans	

Dates approximatives	Références bibliques	Prophètes d'Israël	Prophètes de Juda	Rois d'Israël	Rois de Juda	Peuples étrangers
					Il meurt avant la chute de Jérusalem	
597	2 Rois 24/8-12				**Jéhojakin** (3 mois)	
	2 Chr. 36/10 Jér. 52/28				Déporté à Babylone	
	2 Rois 24/18		Ezéchiel		**Sédécias** (11 ans)	
594	Jér. 51/59				Il visite Babylone	**Psametik** roi d'Egypte
	2 Rois 25/1 Jér. 32/1				Jérusalem assiégée par Nebucad-netsar	**Hophra** roi d'Egypte
586	Jér. 52/12-16,29				Temple de Jérusalem incendié Chute de la Ville	
	Ezéchiel 12/13				Sédécias mené à Ribla, yeux crevés au fer rouge et déporté à Babylone	
	Ezéchiel 33/21				Ezéchiel l'apprend	
568						Nebucadnetsar envahit l'Egypte
562						**Evil Merodach** (fils et successeur de Nebucadnetsar)
539						**Cyrus** s'empare de Babylone. Il donne l'autorisation aux Israélites en captivité d'aller reconstruire le Temple de Jérusalem
	Esdras 3/8					**Reconstruction** commence 50 ans après la destruction
520			Aggée Zacharie			
445			Malachie			

A partir de 539, la Judée passe sous la domination perse (Esdras 1/8-11 ; 5/14-16). Zorobabel ramène au pays 42 360 Juifs en 538. En 537, on assiste à la construction des fondements du temple de Jérusalem ; travail rapidement interrompu.

Les prophètes Aggée et Zacharie exhortent le peuple à reprendre cette construction. La bâtisse sera achevée en 515 avant J.C. En 486 viendra le règne d'Esther sous Assuérus ou Xerxès I (486-465).

Esdras arrive ensuite à Jérusalem avec un contingent de 1 755 de ses compatriotes (458). Nehémie est ensuite envoyé par Artaxerxès à Jérusalem en 445. Début de la réfection des remparts de la ville. Esdras va lire la loi en public (444). C'est dans cette période qu'intervient le prophète Malachie.

MOISE

Signification de son nom : Dérivé de l'égyptien "mos" = fils, interprété par Exode 2/10 comme se rattachant à l'hébreu "mashah" = retirer, d'où "tiré des eaux".

Le plus grand homme des temps de l'Ancien Testament est comparativement inconnu de notre peuple. Un regard sur les faits de sa vie éveillera l'intérêt des jeunes et des plus âgés. L'image de l'homme faisant courageusement son chemin au milieu des dangers et des difficultés provoquera l'admiration de quiconque. La contribution importante qu'il fit à la Bible et à la religion le place devant nous comme une personne méritant une attention sérieuse. *"Il n'a plus paru en Israël de prophète semblable à Moïse, que l'Eternel connaissait face à face"* (Deut. 34/10).

L'arrière-plan

Les conditions politiques dans le pays d'Egypte produisirent un arrière-plan parfait pour un tel géant. Le peuple qui pénétra en Egypte venant de Palestine durant les jours de Joseph devint une grande multitude. Durant les jours des Hyksos ou "Rois-Bergers", ils jouirent de la liberté, de la prospérité et de possibilités de bien-être illimitées.

Lorsque ces dirigeants sémitiques amicaux furent chassés par Amosis I en 1580 avant J.C., un nouvel ordre fut établi. La première grande vague d'antisémitisme déferla sur Israël. Le Pharaon égyptien indigène chercha à limiter la croissance rapide de ces voisins en les réduisant à l'esclavage et en exécutant les enfants mâles. Les hommes étaient utilisés dans les vastes opérations de construction. Nous ne pouvons savoir exactement combien de temps dura cette oppression. Un groupe de savants prétend que l'Exode prit place entre 1290 et 1220 avant J.C. Ils donneraient à Ramsès II, 1292-1225 avant J.C., la distinction d'être le Pharaon de l'oppression. Un autre groupe tient pour évidente la date précise de 1447 avant J.C. pour la date de l'Exode, auquel cas Thumosis III, 1501-1447 avant J.C., aurait été le dirigeant aux jours où Israël fut libéré de l'esclavage.

Dans l'un et l'autre cas, il s'agit d'une période de suprématie égyptienne dans le monde. La dix-huitième comme la dix-neuvième dynasties furent exceptionnellement fortes. Les lettres de Tell El-Amarna (1375-1350 avant J.C.) nous donnent maints détails de la vie politique du monde au cours de cette période remuante. Dans le nord, l'empire hittite prenait rapidement sa place en tant que pouvoir mondial. Dans l'est, les Assyriens étaient faibles, mais montraient des signes du type d'activité qui fit problème plus tard.

Les conditions sociales. Moïse naquit au sein d'une communauté d'esclaves. Les hommes du groupe étaient obligés aux travaux forcés dans le programme d'expansion publique du roi. Pendant de nombreuses années, ces Israélites avaient vécu dans ce cadre pastoral, produisant quelques aliments essentiels, soignant le menu et le gros bétail et élevant leurs enfants. La vie de famille était maintenue avec quelque semblant d'accent sur la religion primitive des pères. Certainement Amram et Jochébed maintenaient leur famille unie grâce à une instruction religieuse donnée à leurs enfants. L'indignation dut pénétrer l'esprit des mères et des pères quand ils se rendirent compte des méthodes inhumaines utilisées pour empêcher l'augmentation de la population mâle.

A la cour égyptienne, le luxe et l'aisance, avec un accent sur les travaux culturels, prévalaient. C'était un âge de prospérité et d'abondance. Les routes commerciales amenaient la richesse, les objets de luxe et les marchandises précieuses. La main-d'œuvre esclave construisait des structures énormes et soulageait les Egyptiens de l'effort du travail pénible. De grandes bibliothèques et des écoles bien équipées fournissaient à la noblesse les plus riches avantages. Le peuple pauvre et les infortunés Israélites étaient opprimés.

Moïse était en contact avec les deux conditions. Il connaissait le besoin, la misère, les aspirations de son propre peuple. Il participait de manière précise à la vie de la cour avec tous ses avantages, son luxe et ses privilèges. Le système d'éducation le plus réputé du monde lui donna la meilleure des formations pour un futur chef du peuple de Dieu, mais une formation insuffisante. Ces quarante années en Egypte laissèrent une marque indélébile sur lui.

Les conditions religieuses. Nous ne pouvons en savoir beaucoup sur le système d'éducation religieuse dans la vie des résidents de Goshen. Chaque foyer était appelé à fournir le programme d'éducation de ses enfants. Il se peut que, dans les foyers du peuple esclave, ceci ait été tristement négligé. Cependant, nous pouvons bien croire que des âmes pieuses maintenaient vivants les éléments fondamentaux de l'ancienne foi amenée en Egypte par Jacob et ses descendants. Lorsque Moïse commença à leur enseigner les principes de la religion divine, il trouva qu'ils possédaient des notions susceptibles de servir de base aux grandes vérités qu'il apportait. Nous devons nous rappeler, toutefois, que le peuple était tristement ignorant des choses les plus profondes de Dieu.

Parmi les Egyptiens, il pouvait voir un système très élaboré de croyances et d'observances religieuses. La religion avait une large place dans la vie et la pensée du peuple. Leurs temples étaient grands et meublés de manière extravagante. De nombreux dieux rivalisaient entre eux pour recevoir les dons des multitudes qui se pressaient dans les sanctuaires. De tous côtés, l'œil rencontrait des prêtres, des cérémonies et des manifestations religieuses. C'était l'âge d'or de la religion égyptienne, et Moïse a dû être un étudiant assidu de tout ce qui se passait devant lui.

L'homme

Les faits de sa vie

La vie de Moïse se divise facilement en trois périodes distinctes de quarante années chacune.

1. En Egypte. Né de parents pieux, adopté par la fille de Pharaon ; éduqué dans tous les arts et les sciences des universités égyptiennes ; il fait le grand choix de s'allier avec son propre peuple. Plus tard, il est obligé de fuir pour sauver sa propre vie.

2. Dans le désert. Il obtient une épouse et un foyer, soumis à la sévère discipline du désert, il apprend de première main à connaître le pays au travers duquel il doit conduire le peuple, il reçoit l'appel de Dieu de retourner en Egypte pour y accomplir l'œuvre de sa vie, et y retourne avec Aaron pour entreprendre cette tâche.

3. A la tête du peuple à travers le désert. Il libère les Israélites de l'esclavage subi en l'Egypte, voit la délivrance insigne de Dieu à la Mer Rouge, reçoit la Torah au Sinaï, enseigne et forme le peuple, perd patience et tombe dans le péché, prêche dans les plaines de Moab, est amené à la maison de Dieu.

Les phases de son équipement pour la tâche

- Première formation dans un foyer pieux.
- L'influence de l'esclavage sur sa jeune vie.
- Le luxe, l'aisance et l'extravagance tels qu'il les apprend au palais.
- Connaissance de première main de la culture, l'art, la religion et la littérature de l'Egypte.
- Une défaite sérieuse lors d'une première tentative pour libérer son peuple.
- La discipline, la solitude, et le dur travail du désert.
- La contribution de Réuel et des Kénites à sa théologie.
- La riche expérience avec Dieu dans la solitude du désert.
- Une connaissance approfondie du pays au travers duquel il devait conduire le peuple de Dieu.
- Le défi d'une tâche qui écraserait un homme ordinaire.
- Son soutien : la certitude qu'il était l'homme choisi de Dieu et que Dieu continuerait à se révéler à son messager.

Sa personnalité

Il sera utile de scruter tous les matériaux disponibles afin de pouvoir visualiser l'homme Moïse. Voyons quelques-unes de ses caractéristiques distinctives ? Il était un homme puissant physiquement, mentalement et spirituellement. Dans tous ces domaines, il suscitait l'attention et l'admiration de tous ceux qui le regardaient. Dans un sens très réel, il s'identifiait à son peuple. Sa vigoureuse passion sociale fut évidente tout au long de sa vie. Il était si complètement désintéressé que nombre de ses actes apparaissent presque impossibles.

Sa dévotion passionnée à l'Eternel, sa foi puissante dans le plan et le dessein divin, sa capacité de juste indignation et l'intensité spirituelle le marquent comme un véritable meneur d'hommes. Il était sous la main de Dieu et toute sa vie fut influencée par cette conscience.

Même jusqu'à la fin de sa vie, il chercha à achever la grande œuvre qui avait été mise sur ses épaules. Il était en contact étroit avec Dieu, au point qu'il lui était facile de connaître la volonté divine et de lire clairement la carte du dessein divin.

Sa religion

Moïse ne découvrit certainement pas une nouvelle religion et ne rapporta pas du désert un Dieu nouveau. Il construisit sur la fondation posée à une époque antérieure. Beaucoup de ce qui était nouveau et précieux fut reçu pendant son séjour de quarante années avec les Kénites. Réuel et les autres enseignants Kénites étaient capables de donner à ce brillant étudiant d'université beaucoup de choses précieuses pour la formation de sa théologie. Il est intéressant de savoir qu'un homme d'Ur, un prêtre de Salem, un Balaam du désert, un prêtre des Kénites ou un professeur d'Egypte peuvent apporter une contribution importante à l'édification d'un système de théologie qui est véritablement la volonté de Dieu pour les hommes. Melchisédek, dans son propre droit, Réuel dans le sien, Balaam dans le sien, pouvaient venir avec une interprétation personnelle de la vérité de la religion de l'Eternel. Nous ne saurons jamais combien les Kénites ont apporté à leurs cousins esclaves d'Egypte. Peut-être avaient-ils préservé des éléments d'une expérience antérieure qui étaient en accord avec le don de Dieu aux hommes.

Dans tous les cas, la religion de Moïse naquit au plein

sens du terme, d'une expérience personnelle avec l'Eternel des Armées dans le désert d'Arabie. Ce fut une révélation personnelle de Dieu à un homme. Elle fut "reçue" et non "créée". Dieu vint vers cet étudiant, au terme de quarante années d'études. Dans une révélation divine, il trouva les éléments qui constituèrent sa religion. Dans la force de l'Eternel, il assuma la tâche de conduire le peuple d'Israël à la connaître et à l'embrasser.

Son idée de Dieu

Dans la théologie de Moïse, la pensée du dessein de Dieu pour le peuple choisi se détache. Il est un Dieu de dessein. La volonté de Dieu pour le monde est clairement dessinée. Moïse est assuré qu'il peut s'attendre à un déploiement graduel des démarches successives de ce dessein. Il est également conscient que Dieu déploiera profondeur de caractère sur profondeur de caractère à mesure que les jours passeront. Ce devait être une aventure à travers le labyrinthe avec un être à qui l'on pouvait se fier, qui connaissait sa voie, qui avait un but vers lequel il progressait, "Je serai ce que je serai".

Le Dieu de Moïse était un être de caractère moral. Il fixait des normes éthiques qui pouvaient défier ce qu'il y a de plus élevé dans les hommes. Dieu avait un caractère aussi bien que de la puissance et il voulait que son peuple reflète sa nature éthique.

Dieu était une personnalité distincte, et Moïse le représentait comme respectant la personnalité humaine. Il connaissait Moïse face à face. Il était d'abord préoccupé de la tâche de produire et de développer dans le monde des personnalités semblables à Dieu. En parlant de l'expérience du buisson ardent, on peut dire que Dieu devint pour lui une présence réelle, parlant clairement, un Dieu juste, ayant compassion de son peuple, Israël et un dessein pour lui. Voici les contributions de Moïse à la religion révélée :

1. l'Eternel seul est le Dieu d'Israël ;
2. il est l'être juste, et il exige de son peuple la justice ;
3. il est accessible, comme il l'a prouvé en particulier en délivrant Israël de l'Egypte et par sa providence protectrice.

Ce sont de grandes conceptions. Si on les analyse, on

trouve en elles les idées racines de la souveraineté divine, et de l'amour divin.

Ce sont les pierres de fondation sur lesquelles les prophètes élevèrent le temple de la foi, dont le pinacle est Jésus de Nazareth.

Voici un Dieu compatissant qui prit soin de son peuple esclave, le délivra de la servitude, le conduisit tendrement à travers le désert, l'enseigna par le prophète, et l'aima d'un amour impérissable. Il est un Dieu conservant l'alliance, qui a le droit d'attendre de ses propres élus qu'ils observent leur part de cette alliance. Puisqu'il est Esprit, il doit être adoré en tant que tel.

Une évaluation de l'homme
(Deut. 18/15-18 ; Nomb. 12/3,6-8 ; Exode 40/16 ; Héb. 11/24-28 ; Matt. 17/3 ; Luc 16/31 ; Jean 5/46 ; Actes 7/22 ; Apoc. 15/3)

Quelqu'un a dit que "l'œuvre des prophètes est l'influence prolongée de Moïse". Renan dit qu'il est "un colosse parmi les figures dc l'humanité". Les derniers prophètes et auteurs de l'Ancien Testament ne prétendent nullement être les hérauts d'une nouvelle doctrine. Dans chaque cas, ils donnent l'impression d'être les champions de principes qui remontent aux premiers jours de la vie de la nation. C'est à Moïse qu'ils vont pour les principes de base de leur religion et de leur théologie.

Moïse fut le véritable émancipateur de l'esclavage et de l'oppression. Sous la direction de Dieu, il accomplit le miracle des âges. En tant que grande personnalité active, il fut capable de souder en une unité des gens qui étaient si opprimés qu'ils avaient perdu tout espoir. Il créa pour eux une conscience nationale qui rendit possible les éléments de stabilité et d'unité. Il fut pour eux un chef qui planta les germes de la vérité et insuffla en eux un esprit qui les porta à travers les dangers, les difficultés et les crises. A cause de sa dévotion passionnée à l'Eternel, il fut capable de leur donner une passion religieuse endurante qui a continué à être la leur à travers les siècles. En tant qu'instructeur d'hommes, Moïse prit place avec les meilleurs instructeurs de tous les temps.

Le peuple passa près de quarante années à son école. Ils s'assirent aux pieds de l'un des plus grands instructeurs de Dieu. En présence d'un tel homme de prière, le peuple était constamment mis au défi d'avoir une foi plus profonde en Dieu. Il était véritablement le prince des intercesseurs. Sa foi et son désintéressement blâmaient constamment ceux qui le connaissaient. Il était réputé spécialement comme un homme doux. Ceci impliquait l'esprit intérieur qui se manifestait dans le type de vie qui plaisait à Dieu. Sa volonté était une volonté abandonnée. Il était vitalement préoccupé de connaître et de faire la volonté de Dieu. Il était l'homme qui, de son temps, craignait le plus Dieu.

Sa contribution comme législateur le fait apparaître comme l'un des plus grands hommes du monde. Hammourabi avait effectué sa contribution aux codes de lois des âges. Moïse connaissait les lois existantes et était intéressé par leurs caractéristiques internes. Ce fut, cependant, dans une relation unique que Moïse en vint à donner au monde le grand système des lois de Dieu. Il était le représentant divin, inspiré par Dieu, pour noter les lois que Dieu voulait que son peuple fasse adopter au monde. Il était le prophète de Dieu choisi pour délivrer les messages du trône de Dieu. Ses réalisations extraordinaires ne s'expliquent que lorsque nous pensons à sa vocation de prophète de Dieu. Il pénétra dans le lieu secret avec Dieu et revint avec le divin message pour le cœur des hommes. En tant que prophète, il fut rendu capable d'accomplir la plus grande œuvre de l'ère de l'Ancien Testament (Deut. 34/10 ; Nomb. 12/6). Moïse trouva des matériaux ; mais il fit passer à travers eux un feu nouveau, et par sa chaleur les souda en une unité. Il insuffla dans le peuple un esprit qui l'anima pour tous les temps à venir.

SAMUEL

Signification de son nom : hébreu : Shemu'el = "Nom de Dieu" ou "son nom est El".

Le "second fondateur" de la nation d'Israël est une figure imposante. Pensons à lui comme à un petit garçon trottinant qui découvre un monde embourbé dans l'ignorance, l'esclavage, la superstition et le désespoir. Sans hésitation, il relève ses manches, et commence à tirer la grosse boule dans un effort frénétique pour l'arracher à sa condition désespérée. Tout au long de sa vie, il continue à exercer toute son énergie à cette tâche "impossible". Un miracle s'accomplit, et, lorsqu'il dépose en terre sa charpente lasse, la transformation politique, sociale et religieuse a pris place.

L'arrière-plan

Politique

Les trois cents années qui vont de la mort de Moïse à la naissance de Samuel ont été sombres pour Israël. Les Cananéens n'ont pas bien reçu les intrus. Les Philistins ont été spécialement ennuyeux, puisqu'ils avaient complètement le contrôle d'une grande partie du territoire revendiqué par les Israélites. Pourtant, les tribus d'Israël n'étaient pas unies. Chaque groupe cherchait à aller son propre chemin et à se protéger, si possible, tandis que les autres souffraient. Des invasions successives des Syriens, des Moabites, des Cananéens, des Madianites, des Ammonites et des Philistins causèrent du ravage dans le pays. Aux heures critiques, des libérateurs s'étaient levés pour aider à chasser les envahisseurs et à donner au pays un repos temporaire. On sentait la main de Dieu dans ces délivrances, car le peuple reconnaissait facilement sa propre incapacité à faire face à des forces aussi écrasantes. Gédéon, Déborah, Jephté et Samson furent utilisés pour abattre de grandes hordes d'hommes qui avaient pris possession du pays d'Israël.

En Egypte, la vingt et unième dynastie accédait tout juste au trône après l'échec complet de la faible vingtième dynastie. Les jours dorés du pouvoir et de l'influence étaient partis pour toujours du pays d'Egypte. En Assyrie, Tiglath-Piléser I (1120-1090 avant J.C.) avait édifié un puissant royaume, mais ne vint pas en contact avec le peuple d'Israël qui luttait. L'empire hittite était décadent à cette époque, mais le royaume araméen devenait rapidement un pouvoir ennuyeux.

Social

Le peuple était confronté à des situations complexes dans le nouveau pays. Les années de conquête et de possession leur avaient fait connaître des problèmes sociaux inconnus. Ils étaient appelés à s'adapter à des conditions nouvelles et éprouvantes. Durant la période des Juges, la situation avait été sérieuse. L'oppression constante et des guerres fréquentes jouèrent leur rôle pour maintenir le peuple dans l'instabilité, et pour les écraser sous les roues de la pauvreté. On ne pouvait compter sur aucun gouvernement pour les souder ensemble en un front solide contre leurs puissants ennemis. Lorsque Samuel arriva sur la scène, les Philistins les avaient réduits à un abject esclavage. Ils étaient même privés des moyens d'aiguiser leurs instruments agricoles. C'était une heure tragique en Israël.

Religieux

Il est difficile de visualiser un peuple sans prédicateurs et sans instruction religieuse précise depuis trois cents ans, et cependant très peu de représentants de Dieu étaient apparus. En addition à ce tableau, il serait nécessaire de voir, entourant le peuple, un cercle de voisins avec leurs idoles, leurs dieux, leurs rites, leurs cultes, leurs coutumes, et leurs cérémonies païennes. Ces pratiques étaient accompagnées de certaines conceptions immorales et de normes morales basses qui produisaient un type de vie ne conduisant pas du tout à l'adoration spirituelle.

Le sanctuaire central était à Silo, où l'arche était gardée et où le grand-prêtre du pays officiait à l'autel sacré. Eli était le sublime vieillard d'Israël lorsque Samuel naquit. De toute évidence, il faisait de son mieux en présence d'une mauvaise situation, bien que ses fils se révélassent comme une réelle barrière à la religion spirituelle en désacralisant le lieu sacré et en faisant perdre au peuple son respect pour l'autorité sacerdotale.

Dans tout le pays, il y avait des bandes de jeunes hommes qui manifestaient une passion précise pour la religion. Ces "prophètes" cherchaient la vérité et une expression plus pleine de leurs profonds désirs religieux. Comme ils avaient besoin d'une âme forte pour les conduire à une compréhension plus élevée de Dieu et de ses desseins pour son peuple choisi !

L'homme

Son équipement

Samuel vint au monde avec un avoir remarquable qui était plus précieux que les mots ne pourraient le dire. Sa mère était une femme pieuse, et avait passé des années en prières douloureuses pour le garçon. Quelle bénédiction c'était de commencer sa vie avec un tel avantage ! L'influence du foyer pieux avec les sérieuses prières d'actions de grâces contribua réellement à la construction de l'homme. La consécration solennelle au sanctuaire, offrande votive, entra dans le développement plus pleinier du futur chef de Dieu. Les visites année après année, lorsque Anne venait voir son fils, renforcèrent l'impression déjà subie dans ses tendres années.

L'importance de la formation dans le sanctuaire sous Eli, le sacrificateur, peut difficilement être exagérée. Eli échoua avec ses propres garçons, mais son œuvre avec le jeune Samuel porta du fruit. Ces années paisibles dans les enceintes sacrées, dans le silence de la présence d'Eli, firent beaucoup pour préparer le garçon à l'œuvre de Dieu.

L'appel mystérieux de Dieu entra dans sa jeune vie de telle façon et avec une telle force qu'il ne put jamais être le même. Cette expérience fit époque par son importance. Le garçon fut convaincu qu'il entendait réellement la voix de l'Eternel lui-même. Il se fit jour dans son esprit que Dieu se servirait de lui pour des réalisations futures. Ses oreilles seraient celles qui recevraient des messages divins pour le peuple. Il devait être prêt à entendre les paroles de Dieu et à les mettre en action. Dans toute sa longue vie, il continua à croître dans une prise de conscience plus pleine du dessein de Dieu pour son existence.

Son œuvre

Samuel fut l'homme de Dieu pour l'une des heures les plus sombres de la vie d'Israël, une crise de nature sérieuse. En tant que voyant, il s'établit dans le royaume comme le seul représentant authentique avec lequel Dieu travaillait. En tant que sacrificateur, il succéda à l'office élevé rendu sacré par Aaron, et eut le privilège de présenter le peuple en sacrifice à Dieu. Comme chef du peuple, il prit rapidement sa place pour sauver le pays des assauts redoutés des Philistins haïs. Il libéra réellement le peuple de l'esclavage et lui donna une existence nationale. Ils furent rassemblés sous le terrifiant mortier de l'ennemi pour se rallier autour du vigoureux nouveau chef. En tant que juge, il exerça sur eux une douce autorité et visita divers centres pour les encourager et régler les disputes. Il était l'autorité reconnue parmi eux, même s'il insistait constamment sur le fait qu'ils étaient dans une théocratie et que Dieu devait être le souverain. En tant qu'homme de Dieu, Samuel prit une place élevée. Saül et David furent tous deux choisis et oints durant les jours actifs du grand vieillard. En tant qu'homme de prière, il démontra son pouvoir venant de Dieu. Le peuple dépendait de lui pour prier pour le royaume. Jérémie lui donne une place éminente parmi les plus grands intercesseurs du monde (Jér. 15/1).

En tant que prophète de l'Eternel, Samuel fut très grand. Ces autres qualités et positions furent possibles parce qu'il était d'abord le messager de Dieu. Il fut honoré d'un appel divin qui lui donna des révélations spéciales pour le peuple qui ne pouvaient venir d'aucune autre manière. Il fut la bouche de Dieu à une heure de terrible nécessité. Puis en tant qu'instructeur d'hommes, il prit un rang élevé. Tout le peuple avait besoin de son enseignement, mais les fils des prophètes furent ceux à travers lesquels sa meilleure contribution porta du fruit. Ses activités dans le domaine de l'éducation théologique le marqueront toujours comme un grand serviteur de Dieu.

Samuel marque un nouveau commencement en Israël. Il est le premier grand homme de Dieu depuis Moïse, Josué et Caleb. Il est le second des pics de la montagne qui domine l'histoire de la nation, formant une lignée puissante de Moïse à Christ. Lorsqu'il mourut, Israël était en route pour un avenir meilleur. Il y avait autour de lui une pureté austère, une simplicité et une droiture sans compromis, une façon sublime de voir la vie, un affaiblissement du moi pour le bien du peuple, un désir ardent du bien-être d'Israël, une intercession passionnée pour sa cause devant Dieu, une persévérance, une continuité de service, une disposition dans son grand âge à faire face à une nouvelle situation et à se jeter de tout cœur dans le soutien d'un homme plus jeune, qui le mette au rang des plus importants de ces hommes de Dieu qui furent le don unique d'Israël au monde.

Son caractère

Samuel était profondément religieux. Depuis les premières expériences de son enfance, il devint conscient de la présence de Dieu dans sa vie et en donna des preuves en maintes occasions. Il était obéissant à Dieu et à Eli. Ce trait de caractère continua à travers toute sa longue vie. Il avait des qualités qui firent que Dieu le choisit parmi tous les garçons de sa génération pour l'élever à cette haute position. Lorsque Dieu sélectionne quelqu'un dans une telle multitude, il est bien clair qu'il y a des qualités précises qui se détachent. Il était magnanime en pensée et dans ses actes. Sa vie personnelle était au-dessus de tout reproche. Observez le vieil homme lorsqu'il appelle le peuple à se rassembler et le défie de désigner un seul acte de malhonnêteté ou d'intérêt dans sa longue vie. Homme d'une éminente intégrité, il pouvait supporter le regard de la foule sans hésiter. Il avait une passion sociale ardente qui le gardait actif pour aider son peuple. Dans toute sa longue vie, il se dépensa. Il porta littéralement la nation sur son cœur.

ÉLIE

Signification de son nom : hébreu = Eliyyah - Eliyyahu = "Mon Dieu, c'est Yah".

Dans la tradition juive, le prophète Elie a le premier rang. A travers toutes les années, il continue à occuper sa place élevée comme l'un des hommes véritablement grands d'Israël. Sa vie est remplie d'aventures intéressantes qui incitent l'imagination à se déchaîner. Une telle couleur appelle une étude soigneuse de l'homme, de son âge, de ses contemporains, de son message et de son influence (1 Rois Ch. 17-18-19-21 ; 2 Rois 1/2-9 et 10).

L'arrière-plan

Politique

Après la mort de Samuel, le royaume d'Israël nouvellement formé souffrit cruellement des mains des Philistins. Leur plus grande invasion eut pour résultat la mort de Saül et de son fils Jonathan. David accéda au trône de la tribu de Juda pendant quelques années, puis fut élevé pour être roi sur tout Israël. Salomon le suivit dans un règne long et prospère. Il introduisit la richesse, le luxe, des modes et des cultes étrangers. Le royaume fut élargi pour inclure une plus grande partie de la Palestine.

En 931 av. J.C. arriva la division. Roboam, échouant dans une crise, fut laissé avec le plus petit de deux royaumes adjacents. Au nord, Jéroboam conduisit le peuple à l'idolâtrie et au culte païen. Après cinquante ans de désastre et de trouble, Omri accéda à la tête du gouvernement pour stopper l'anarchie, conquérir Moab, établir une monarchie, construire la cité de Samarie, faire un traité avec la Syrie et marier son fils Achab à la fille d'Ethbaal de Tyr. Omri fut l'un des chefs les plus puissants du lot entier. Durant cette période, au pays de Moab, Mesha gouvernait un puissant royaume. La fameuse pierre Moabite fut élevée pour commémorer la délivrance à l'égard d'Israël.

Achab, le successeur d'Omri aurait pu être plus populaire et célèbre s'il avait pu vivre loin de l'influence de Jézabel. L'historien sacré n'a pas vu certaines des plus belles choses qui furent accomplies en raison de son étroite affinité avec le Baalisme et autres religions païennes.

Jézabel, la fille du prêtre Melkart, fut une puissante personnalité. Elle fut une missionnaire passionnée qui chercha par tous les moyens possibles à rendre sa religion dominante dans le pays. Sous sa conduite vigoureuse, une crise réelle s'éleva. Ce fut un véritable combat à la vie - à la mort. Non seulement elle construisit son propre temple mais elle fit venir des centaines de ses propres prophètes étrangers, et entreprit en même temps de retrancher tous les prophètes de l'Eternel et de détourner le peuple du culte de l'Eternel.

L'Assyrie commença à donner de nouveau signe de vie durant cette période, après des années de calme relatif. En l'an 854 av. J.C., Salmanasar III d'Assyrie vint attaquer le peuple de Palestine. La bataille de Karkar fixa le destin du pays de l'ouest pour de nombreuses années. Achab avait une armée dans cette bataille (1 Rois 22/1-36).

En Juda (le royaume du Sud), Roboam, Abijam et Asa régnèrent sur le reste du domaine de David. Deux invasions importantes venues du sud par Schischak et Zérach portèrent des coups sérieux contre le royaume qui se débattait tant bien que mal. Josaphat, qui fut roi de Jérusalem durant le ministère d'Elie, fit beaucoup pour restaurer un peu de la gloire du règne de David.

Social

Le peuple d'Israël souffrit grandement durant ces jours d'anarchie et d'invasions. En conséquence du trouble tragique de ces jours-là, les conditions de vie étaient intolérables. Omri mit fin aux désordres internes, mais fut forcé de combattre les nations environnantes. Dans ses vastes opérations de construction de Samarie, il lui fut nécessaire de forcer son peuple à donner de son temps, de son travail et de ses ressources. Une sévère sécheresse ajouta à la pénurie, à la misère et aux souffrances du peuple. Tandis que la cour pouvait maintenir le luxe et l'extravagance, le peuple était esclave.

Jézabel, avec ses prêtres et ses prophètes importés, introduisit un nouvel élément dans la vie du peuple c'était toute une entreprise de soutenir ces hommes et leur programme de culte. Un problème plus sérieux, toutefois, résulta de la conception de Jézabel sur les droits de propriété. Elle n'avait pas le moindre scrupule d'exécuter un propriétaire foncier pour confisquer un terrain. La peur, la haine, la méfiance et la déloyauté active créèrent un état de choses sérieux dans le royaume. L'œuvre commencée par Omri fut largement ruinée par l'arrivée de cette princesse tyrienne.

Religieux

Elie se trouva au milieu d'une crise sérieuse en Israël. Le peuple avait perdu pratiquement toute appréciation la plus fine de la loi et des principes de religion énoncés par Moïse et Samuel. Ils avaient appris à connaître les dieux des peuples environnants et avaient graduellement adopté envers eux une attitude de tolérance qui frisait dangereusement le syncrétisme.

Le mariage d'Achab avec Jézabel fut le coup fatal introduisant en Israël le culte qui menaçait de détruire l'existence même de la religion de l'Eternel. Jézabel ne se contentait pas de permettre à sa religion d'occuper une petite place dans la capitale (comme avaient fait les épouses étrangères de Salomon), mais se proposa d'accomplir l'extermination complète des prophètes et de leurs principes. Pour plaire à cette reine résolue, Achab construisit à Samarie un temple au Baal, et fit également l'Astarté, de sorte que le culte phénicien était maintenant établi dans sa totalité. Le culte de Baal était essentiellement le culte du pouvoir pur, du pouvoir en tant que distinct de la justice. Et le culte du pouvoir par un processus régulier et logique devint littéralement le culte du mal. Non sans raison les Juifs d'une époque ultérieure désignent cette déité tyrienne comme le Prince des démons.

De pair avec ces pratiques, se développa la plus hideuse immoralité imaginable. Tandis que les normes morales se dégradaient, la vie religieuse du peuple tomba à un niveau alarmant. Les prophètes de Dieu étaient persécutés. Nombre d'entre eux furent tués. D'autres durent se cacher dans des cavernes et des trous et furent bientôt réduits au silence. La grande masse du peuple "clochait", incapable de distinguer entre Baal et l'Eternel. Ce fut une période sombre pour la vraie religion. Le levain de Baal agissait secrètement dans tout le pays.

L'homme

Faits de sa vie

Nous tenons pour acquis qu'Elie naquit et fut élevé en Galaad, sur le côté oriental du Jourdain. La brève esquisse suivante résume son ministère :

1. Apparition à la cour d'Achab pour annoncer la longue sécheresse qui ne serait interrompue que sur la parole de Dieu prononcée par le prophète (1 Rois 17/1).
2. Lui-même nourri par les corbeaux au torrent de Kérith (1 Rois 17/4).
3. A Sarepta en Phénicie, une veuve dont il ressuscite le fils prend soin de lui dans sa maison (1 Rois 17/9-10).
4. Il rencontre Abdias et Achab (1 Rois 18).
5. La contestation sur le mont Carmel. Dieu répond par le feu ; les prophètes de Baal sont tués, et la pluie vient en réponse à la prière d'Elie (1 Rois 18).
6. La menace de Jézabel l'incite à une longue marche vers le sud du pays (1 Rois 19).
7. L'expérience du "genévrier" (1 Rois 19).
8. A Horeb, la montagne de Dieu, il est apaisé par le vent, le tremblement de terre et le feu, et reçoit de Dieu l'ordre de retourner et d'oindre Hazaël, Jéhu et Elisée (1 Rois 19).
9. Appel d'Elisée à être prophète (1 Rois 19).
10. Dénonciation d'Achab dans la vigne de Naboth (1 Rois 21).

11. Années tranquilles comme éducateur de jeunes gens qui doivent poursuivre l'œuvre prophétique.

12. Son transfert céleste sous le regard d'Elisée, qui reçoit la mission de continuer la grande œuvre (2 Rois 2).

Son caractère

Elie était un homme hardi, viril, audacieux des solitudes de Galaad. Son tempérament de fer, son esprit austère, son port majestueux, son indignation enflammée, son zèle consumant et sa nature courageuse le font apparaître comme un homme mystérieux et romanesque. Il était si fort et pourtant si faible. Son zèle était aussi dépourvu de limites que son énergie. Son formidable empoignement de Dieu lui donnait un pouvoir inhabituel dans la prière. Sa foi en Dieu était si forte qu'elle rend toute description impossible. Il haïssait les fausses religions, les pratiques païennes et le traitement impie des droits du peuple. Dans la plupart des cas, il manifestait un désintéressement remarquable et un profond dédain pour sa sécurité personnelle. Il fut sans pitié et cruel dans sa façon de traiter les prophètes de Baal lorsque les circonstances exigèrent une victoire complète. Littéralement débordant d'ardeur pour Dieu, il se consuma joyeusement à faire la volonté de Dieu.

Sa contribution

Il fut le champion de Dieu dans une époque sombre de crise, où la religion véritable était pratiquement absente de la terre. Le peuple ne pouvait servir deux dieux. Ils furent mis au défi de choisir entre Dieu et le Baal tyrien. Ce fut sa tâche de porter le coup mortel à Baal au pays d'Israël.

Il fut tout aussi véritablement un champion du peuple dans sa lutte contre la dictature de Jézabel. Les anciennes lois sur la propriété étaient le véritable fondement des droits du peuple. Dieu fut révélé comme le Dieu de la loyauté. La justice était l'attribut de gouvernement du Dieu d'Elie. La religion et la moralité étaient étroitement mêlées dans sa religion. Il présenta la justice comme une exigence élémentaire. Aucune génération n'oubliera jamais l'histoire tragique de la vigne de Naboth et la dénonciation enflammée par Elie du péché d'Achab et de Jézabel.

Il fut l'éducateur d'Elisée et des autres jeunes gens appartenant à "l'école des prophètes". Ces années de travail paisibles avec ses successeurs religieux portèrent richement du fruit. Il est difficile d'évaluer la contribution de quelqu'un qui transmet à ses élèves le stock de connaissances spirituelles gagné au cours de ses longues années d'étude. Elie donna à Elisée la connaissance, la vision, l'appel à servir, et le courage de finir l'œuvre si dramatiquement commencée.

Une évaluation de l'homme

De façon étrange, Elie a pris sa place dans la littérature du monde et dans la pensée des hommes comme un caractère véritablement remarquable. Le Nouveau Testament fait plus référence à lui qu'à tout autre prophète (Mat. 11/14 ; 16/14 ; 17/3, 4, 10, 11, 12 ; 27/47-49 ; Marc 6/15 ; 8/28 ; 9/4, 5, 11, 12, 13 ; 15/35-36 ; Luc 1/17, 4/25-26 ; 9/8, 19, 30, 33 ; Jean 1/21, 25 ; Rom. 11/2 ; Jac. 5/17).

A chaque Pâque, les Juifs le recherchent et gardent une chaise supplémentaire pour son usage. Des montagnes sont nommées d'après lui en Grèce.

Il fut un homme de Dieu. Il y avait toujours autour de lui quelque chose de la présence divine. Lorsque des hommes le voyaient, ils étaient frappés de terreur en se rendant compte que l'homme de Dieu était au milieu d'eux.

Il fut un homme de prière efficace. Où trouvons–nous ailleurs un si puissant homme de prière ? Les deux exemples de sa prière sur le mont Carmel l'élèvent littéralement de l'ordinaire au sublime (1 Rois 18).

Il fut un homme de foi. Sa foi inébranlable en l'Eternel lui permit de vaincre dans la prière et de continuer le combat inexorable contre les fausses religions et le comportement païen. Pas à pas il avançait sous la conduite et la protection de son Dieu.

A cette heure critique, il fut l'agent humain que Dieu utilisa pour préserver la théocratie chancelante d'une défaite apparente. On frémit à la pensée de l'étroitesse du chemin du salut. L'homme de Dieu fut mis en avant, revêtu de pouvoir surnaturel, pour entreprendre l'impossible, afin que le dessein divin puisse se réaliser.

Il fut l'une des personnalités les plus dynamiques de

l'histoire religieuse d'Israël, et le caractère dramatiquement inattendu de ses apparitions et de ses sorties est en parfait accord avec le caractère volcanique de son esprit. Il traversa l'histoire comme un météore.

Il n'y a pas de figure plus romantique dans l'Ancien Testament qu'Elie le Thischbite. Il se dresse devant nous comme un grand pic montagneux. Il y a quelque chose de majestueux qui inspire la terreur dans la solitude qui marqua sa vie et dans la façon dont il domina l'époque où il vécut.

Y eut-il jamais un simple homme dont la vie puisse constituer un plus profond encouragement dans ce monde de conflits, où tout homme doit mener son combat ? Le courage d'Elie, face à face avec la "méchanceté dans les lieux élevés" ; sa foi en présence d'impossibilités apparentes ; sa vie de prière, forte et persistante, lorsque les cieux étaient comme de l'airain ; sa faiblesse humaine, changée en force par le contact de la compassion divine ; par-dessus tout, la grande vérité, aussi vraie pour nous que pour Elie, que toute vie est entourée par de sublimes forces spirituelles, tout cela nous est présenté pour le réaliser aussi.

Le courage de Luther, la simplicité de langage de Latimer, la dévotion de Calvin et l'ardente impétuosité de Knox étaient tous réunis dans le caractère de cet homme de Dieu.

Une grandeur hiératique recouvrait cette figure monumentale. Il semblait rassembler en lui-même ces espoirs plus élevés qui ont rendu son souvenir inoubliable pour le bien, parmi les Juifs comme parmi les Chrétiens. Il n'eut besoin ni d'une tombe ni pour perpétuer son nom d'une autre épitaphe que celle qui le fait resplendir en tant qu'homme, le plus brave dans le cercle d'or des prophètes d'Israël.

Comme un orage qui d'un coup soudain clarifie l'atmosphère étouffante par un après-midi d'été, Elie tonnant, sauva son peuple des empiétements du paganisme cananéen par une action audacieuse et décisive.

Il fut l'un du nombre de ces hommes "dont le monde n'était pas digne". Qu'un tel homme ait pu exister nous fait nous réjouir de notre humanité commune. Le Carmel lui-même ne fut pas plus majestueux que le prophète lorsqu'il se tint sur ce pic montagneux, le visage rayonnant de la splendide victoire sur la vaine agitation des prêtres de Baal.

Elie fit face sans secours humain au danger de submersion de la nation par la religion phénicienne. Sans lui, tout Israël aurait dû abandonner la foi qui, seule, préservait l'unité nationale, et ces grands principes sans lesquels la nationalité serait sans valeur.

ABDIAS

Signification de son nom : hébreu = Obadya, Obadyahu = "Serviteur de Yah" = "Serviteur de Dieu".

La prophétie d'Abdias constitue le livre le plus court de l'Ancien Testament. Il est dirigé contre le peuple d'Edom, qui assistait au pillage de Jérusalem en manifestant un plaisir méchant à l'infortune qui atteignait ses habitants. On l'a appelée "une oraison funèbre indignée".

Le pays d'Edom

L'histoire d'une venimeuse haine de famille, qui nous ramène aux jours de Jacob et d'Esaü, se déroule devant nos yeux. Les descendants d'Esaü s'étaient établis en Edom, pays situé au sud de la Mer Morte et s'étendant sur environ cent soixante kilomètres de long et quatre-vingts kilomètres de large. Dans ces plaines bien arrosées, les Edomites pouvaient pratiquer un commerce, faire des raids sur les peuples voisins, et se retirer dans leurs forteresses imprenables pour être en sécurité. Séla (Pétra), Théman et Botsra étaient des citadelles fortifiées qui constituaient de sûrs refuges pendant la guerre.

Pétra était l'une des merveilles du monde. Avec ses falaises massives de plus de deux cent dix mètres de haut protégeant un étroit ravin de seize cents mètres de long, la cité pouvait repousser toute invasion. Etant située sur une importante route de caravanes, elle devint un centre commercial qui avait peu d'égaux. Les falaises de minerais fer et de manganèse pourpres constituent un arrière-plan indescriptible.

A l'époque de l'Exode (Nom. 20), les Edomites refusèrent de permettre aux Israélites de passer à travers leur territoire. Dans la bataille pour la conquête de la Palestine, ils combattirent contre Israël. David soumit le pays, et Salomon continua à le tenir assujetti. Aux jours d'Achaz, les Edomites se rebellèrent et continuèrent à susciter des troubles à Juda jusqu'à sa déportation. Judas Maccabée les conduisit hors de la Judée du sud en 164 av. J.C.. Jean Hyrcan les força par la suite à accepter le judaïsme. Ils devinrent les Iduméens haïs de l'époque du Nouveau Testament, et donnèrent aux Juifs la famille des Hérode. Après la destruction de Jérusalem en 70 après J.C., ils disparurent de l'Histoire.

Depuis le jour où Jacob devint par ruse possesseur du droit d'aînesse de son frère, les enfants d'Esaü et les enfants de Jacob demeurèrent en mauvais termes. Les haines de famille sont longues, amères et tragiques. De plus, entre les Edomites et les Hébreux, il y avait une différence fondamentale de génie et de caractère. Ceux d'Esaü et de Jacob coulaient dans leur sang. Les Edomites, comme leur père Esaü, étaient un peuple porté à la sensualité, n'ayant aucun intérêt pour l'invisible ni aucun rêve pour l'avenir. Ils vivaient pour la nourriture, le pillage et la vengeance sans aucune conscience ni idéaux nationaux. Il est significatif que nulle part dans l'Ancien Testament il n'est fait mention des dieux des Edomites. Ils avaient, sans aucun doute, leurs dieux comme les autres nations, mais ces divinités doivent avoir été excessivement grossières et sans attrait ; car Israël, continuellement fasciné par les idolâtries de ses amis et ennemis, ne mentionne même pas qu'Edom eût une religion.

Le prophète

On ne sait rien de l'auteur de ces vingt et un versets au-delà de l'image qu'en donnent ses paroles. Le nom d'Abdias est fréquent dans l'Ancien Testament, et l'on suppose que l'homme envoyé par Josaphat comme instructeur du peuple est probablement l'auteur de ces lignes (2 Chron. 17/7). Le nom signifie "adorateur de Dieu" ou "serviteur de Dieu" selon la vocalisation du mot.

Nous savons d'après le caractère de son livre qu'il était un résident pieux, patriote et sensible, qui osa mettre en paroles quelque chose de l'indignation enflammée de son âme. Il était blessé par le grave manque de décence ordinairement étalé par ses voisins. Avec des paroles mordantes, il dénonça ces pécheurs orgueilleux qui méritaient la punition que Dieu était sur le point de faire éclater sur eux. Il semblait bien disposé à attendre que Dieu prenne son temps pour détruire les vieilles citadelles, car il avait la foi pour croire que Dieu donnerait à son peuple une victoire glorieuse et que le bien triompherait du mal. Les dernières paroles de sa prophétie : "A Dieu appartiendra le règne", nous rappellent que rien ne peut résister à l'Eternel. Il aura toujours le dernier mot.

Le livre

Le thème de son livre est la destruction complète d'Edom. Rien ne peut sauver la nation coupable. Les forteresses taillées dans le roc, les cités imprenables, les gorges étroites de montagne, les fiers guerriers ne peuvent servir à rien, car Dieu a déjà décrété sa destruction. La ruse doit être déjouée, les riches magasins pillés, son pouvoir brisé, son orgueil humilié et son nom oublié. Dieu est prêt à mettre fin à l'égoïsme sordide, à l'amour du mal, la traîtrise, la haine, l'arrogance et la sécurité dont elle se vante.

L'occasion et la date

Qu'est-ce qui a provoqué une telle explosion contre Edom ? Pourquoi faut-il qu'Abdias soit si amer dans sa dénonciation ? A l'heure tragique où la cité était pillée et mise à sac, il venait de voir les Edomites manifester un esprit inhumain envers le peuple de Juda. Tandis que les maraudeurs faisaient ce qu'ils voulaient, ces proches parents manifestaient un esprit non fraternel et prenaient un malin plaisir à la calamité de Jérusalem. Ils aidaient à attraper les Israélites en fuite, les traitaient cruellement, les vendaient comme esclaves et participaient au butin obtenu après la prise de la cité.

Quand cette attaque contre Jérusalem eut-elle lieu ? Elle est mentionnée comme : *"le jour de détresse, le jour de leur malheur, le jour de leur destruction"* (v. 12, 13, 14).

Il y eut au moins cinq invasions de Jérusalem qui provoquèrent le ravage de la cité et de ses habitants. Shishak d'Egypte vint contre elle aux jours de Roboam. Les Philistins et les Arabes endommagèrent la cité durant le règne de Joram. Joas d'Israël la prit aux jours d'Amatsia, Retsin de Damas et Pékach d'Israël prirent la cité avant que Tiglath-Piléser puisse venir à l'aide d'Achaz. Nébucadnetsar la détruisit et emmena le peuple en 587 av. J.C.

Lorsqu'on envisage de dater le livre, on peut réduire la liste à deux attaques : l'une aux jours de Joram, en 845 av. J.C., et l'autre celle de la prise finale de Jérusalem en 587 av. J.C. Abdias est soit le premier des prophètes qui ont écrit, ou bien il a rédigé son livre après la chute de Jérusalem. Il serait beaucoup plus facile de penser que le livre est paru à l'occasion de la prise de la cité par Nébucadnetsar. Les paroles de Jérémie concernant Edom rapportées au chapitre 49/7-22 contiennent plusieurs citations directes du livre d'Abdias. Il se peut que ces deux prophètes fassent référence à une source commune antérieure. Si ces paroles de Jérémie ont été délivrées aux premiers jours de Jojakim, il semblerait certain que la prophétie d'Abdias fut délivrée avant la destruction tragique de la cité. Il se peut qu'Abdias décrive le comportement des Edomites lorsque Jérusalem fut mise à sac par les Arabes et les Philistins sous le règne de Joram, en 848-844 av. J.C. Dans cette théorie, Abdias serait le premier des prophètes qui ont écrit.

Le plan

1-9 Edom doit être détruite.

10-14 Les raisons de la destruction : cruauté, traîtrise et conduite non fraternelle.

15-21 A l'heure du jugement, Edom sera détruite, tandis qu'Israël sera restaurée et bénie.

Dans ce livre si bref, nous ne pouvons espérer trouver beaucoup de matière à méditation. Il se peut que quelqu'un passe entièrement par-dessus, avec la pensée que des paroles aussi indignées détiennent difficilement des leçons de valeur pour nous. Toutefois, nous trouvons dans ces versets une puissante dénonciation de l'indifférence calleuse de l'homme qui se tient à distance de l'heure de la détresse et du malheur, sans lever un doigt pour aider son frère. C'est une forte parole d'avertissement contre l'inimitié, la haine, l'envie et la conduite non fraternelle. On peut appeler ce crime "contemplation malicieuse du malheur humain, oublieuse de l'origine commune des hommes et de la sujétion commune au mal, qui est la pire forme de haine humaine". Ce fut l'un des opprobres de la croix : "Ils me contemplent, ils me regardent avec joie".

Abdias croyait que Dieu exerce un contrôle actif sur toutes les phases de sa création et qu'il a encadré l'univers par la loi de la droiture. Il était certain de l'intégrité inflexible de Dieu. C'était la joie de Dieu d'exécuter son dessein sur toutes les nations et de regarder avec une faveur spéciale son peuple élu.

JOEL

Signification de son nom : hébreu = Yo'El - c'est une répétition du nom de Dieu sous deux formes différentes : Yo et El. Il signifie "Dieu est Dieu". Le nom "Joël" apparaît quatorze fois dans l'Ancien Testament.

Le prophète vécut et prêcha soit aux jours de Joas soit durant les derniers temps du quatrième siècle av. J.C. Il proclama à Juda un message exigeant la repentance.

L'occasion

Le peuple était confronté à la plaie des sauterelles la plus dévastatrice que le pays ait connue. Vague après vague, ces pestes destructrices étaient tombées sur eux. De plus, une sécheresse sérieuse était survenue pour compléter le tableau de dévastation et de ruine. C'était une heure tragique. Les hommes étaient dans une situation désespérée et prêts à écouter le messager de Dieu lorsqu'il interprétait la volonté divine. C'était une heure sublime pour le prédicateur. Audacieusement, Joël affronta les gens effrayés avec l'appel à se repentir.

La date

Beaucoup d'historiens de l'Ancien Testament sont presque unanimes pour assigner une date post-exilique à la prophétie de Joël. Ils disent qu'il n'est fait aucune mention des Assyriens et des Babyloniens, des rois de Juda, du royaume du Nord ou des "hauts lieux" (Bamoth). Le mot "Israël" est utilisé pour Juda, le seul sanctuaire est à Jérusalem, le grand-prêtre est le chef du sanctuaire, l'accent est mis principalement sur les aspects extérieurs de la religion et l'idée bien développée du Jour de l'Eternel. Tout ceci implique une date tardive pour la composition du livre. De même, certaines particularités linguistiques rendent plus que probable que le langage s'était développé pendant de nombreux siècles. Ils en tirent la conclusion déterminée que le livre fut écrit après 432 av. J.C. La déclaration de 3/1-5 : *"Là, j'entrerai en jugement avec elles au sujet de mon peuple d'Israël, mon héritage, qu'elles ont dispersé parmi les nations, et de mon pays qu'elles se sont partagé"*, semble indiquer que l'exil a déjà pris fin.

Il importe de noter, cependant, que sa position dans le canon hébraïque est située entre Osée et Amos. Si Joël vécut pendant la période post-exilique, pourquoi son livre fut-il placé parmi les prophètes du huitième siècle ? Pendant la première partie du règne de Joas, le vieux prêtre Jéhojada contrôlait activement le gouvernement. Il venait juste d'abattre Athalie et sa religion de Baal. Comme le jeune Joas n'était pas assez mûr pour poursuivre l'œuvre du royaume, toute la charge en reposait sur le grand-prêtre. La réforme conséquente restaura le culte de Dieu dans le pays, et redonna au Temple sa place de prééminence dans la vie d'Israël. Durant cette période, les conditions étaient les mêmes que celles dépeintes par Joël. Cette date précoce rendra pleinement compte de l'absence de toute mention de Babylone, de l'Assyrie et de la Syrie. Dans Joël, les nations qui causent des troubles sont les Edomites, les Egyptiens, les Philistins et les Phéniciens.

Outre les suggestions déjà données, il semble raisonnablement fort probable qu'Amos cita Joël (3/16). En 1/2, Amos commence par poursuivre l'œuvre débutée par Joël. L'idée du Jour de l'Eternel était familière aux gens de l'époque d'Amos. Ils s'étaient si bien familiarisés avec elle qu'ils avaient mal interprété sa nature et ses implications. Amos fut obligé de les éclairer sur cette doctrine. L'argument positif pour la date précoce de Joël me semble décidément avoir prépondérance, et la force de celui qui est en faveur de la date tardive diminue après examen... Il n'y a aucun signe de l'apathie et de la négligence qu'Aggée et Zacharie blâment, ni de l'indifférence méprisante que Malachie censure... Il est extrêmement difficile de voir comment Joël peut être introduit dans toute partie de la période postérieure au retour sans être contraint à des suppositions considérables.

L'arrière-plan

Si nous admettons la date précoce pour l'œuvre de Joël, nous pensons à Jérusalem sous le contrôle des prêtres, tandis qu'un jeune garçon est en train de grandir pour devenir roi. Athalie, comme sa mère Jézabel, avait détruit la foi du peuple de Dieu. Jéhojada faisait de son mieux pour rétablir un royaume sur des principes religieux. Jéhu, le roi d'Israël, travaillait courageusement à éliminer les derniers vestiges de la mauvaise influence de Jézabel et les adorateurs de Baal qui peuplaient le pays. Elisée et son école de prophètes exerçaient une forte influence. Hazaël, le cruel roi syrien, était en train de devenir rapidement une terreur pour Israël et pour tous les royaumes environnants. Salmanasar III d'Assyrie progressait dans ses visées pour conquérir l'Occident. C'était une période éprouvante dans l'histoire de la Palestine.

Les sauterelles, la famine, la sécheresse et la pauvreté qui s'ensuivait dans le sillage de ces désastres préparaient l'esprit des gens vers Dieu. La crainte de mourir de faim ne les amenait au bord du désespoir que pour leur révéler un Dieu qui avait des plans précis pour eux. Il voulait que son peuple lui permette de prouver son amour.

L'homme

Nous ne pouvons en savoir beaucoup sur le prophète qui écrivit le livre. Cependant on peut être raisonnablement certains qu'il était natif de Jérusalem. Il était un prédicateur pieux, religieux, courageux, qui arriva à l'heure opportune pour délivrer le message de Dieu au peuple élu. Il est possible qu'il fut prêtre, puisqu'il fait preuve d'une connaissance intime du Temple et de ses programmes de culte. Il avait une individualité distincte et une approche originale des problèmes de son époque. Clairement, directement et courageusement, il attaquait le problème qui était devant lui, et suggérait le remède divin en des termes qui accrochaient l'attention de ses auditeurs. En tant que prédicateur de la repentance, il occupe un rang élevé parmi les prophètes de Dieu.

Le livre

Les soixante-treize versets du livre sont écrits dans un style rythmique, élégant, passionné. A cause de la fraîcheur et de l'excellence de l'écriture, il est clair que le livre est soit précoce, soit assez tardif. Ou bien il est cité par, ou bien il cite Esaïe, Amos, Michée, Nahum, Sophonie, Abdias, Ezéchiel et Malachie.

Le livre se divise en deux parties égales. Dans les trente-sept premiers versets (1/1 ; 2/17), Joël appelle le peuple à la prière et à la repentance. Dans les autres trente-six versets (2/18 ; 3/21) c'est Dieu qui parle, promettant d'ôter la plaie, d'accorder la prospérité et de donner de riches bénédictions spirituelles.

On peut diviser l'ensemble comme suit :

1/1 ; 2/11 **Dévastation** : le signe du jugement
2/12 ; 17 **Supplication** : l'appel à la repentance
2/18 ; 3/21 **Restauration** : la vision de la bénédiction

Comment interpréter la mention des sauterelles en 2/1-11 ?

1. **Allégorique ou figurative**
Cette opinion ferait des sauterelles un symbole des armées hostiles des forces mondiales qui vont attaquer Israël en invasions successives.

2. **Apocalyptique**
Selon cette théorie, Joël utilise les sauterelles comme un

dispositif apocalyptique pour nous donner une description précise des derniers jours, lorsque les armées de guerriers surnaturels déferleront en ordre de bataille (comme dans Ap. 9).

3. **Réelle ou historique**

Les sauterelles sont de vraies sauterelles que Joël voit fourmiller sur la végétation du pays pour la dévorer (cf. 2/4ss). C'est très vraisemblablement cette troisième opinion qui est correcte.

Quelques grands versets

"Ecoutez ceci, vieillards ! Prêtez l'oreille, vous tous habitants du pays !" (1/2).

Joël craignait que le peuple de Jérusalem se méprenne sur le sens réel de la calamité. Ils étaient confrontés à une ruine totale. Une tragédie véritable les menaçait tous en face. Ils étaient coupables de péché, et ce péché devait amener une punition. Il voulait qu'ils voient la main de Dieu tenant le bâton, et pas seulement le châtiment infligé. Ils pouvaient réagir de plusieurs façons différentes à une telle souffrance. Au lieu de l'apitoiement sur soi-même, de la dureté cynique ou de l'indifférence insensible, il voulait qu'ils s'examinent en vue de l'authentique repentance qui amènerait le pardon divin.

"Publiez un jeûne, une convocation solennelle ! Assemblez les vieillards, tous les habitants du pays, dans la maison de l'Eternel, votre Dieu et criez à l'Eternel" (1/14).

Une fois le diagnostic établi, Joël suggérait rapidement le remède. Toutes les personnes de la communauté étaient pressées de s'assembler pour reconnaître humblement la main de Dieu dans ce désastre. Il les appelait à venir à l'assemblée solennelle pour une prière unie à Dieu afin d'obtenir la miséricorde et la délivrance. On pouvait compter sur le jeûne, la prière et la repentance pour recevoir le pardon de Dieu. Une crise effrayante appelait à un sincère retour à Dieu.

"Revenez à moi de tout votre cœur, avec des jeûnes, avec des pleurs et des lamentations... et revenez à l'Eternel, votre Dieu,

car il est compatissant et miséricordieux, lent à la colère et riche en bonté" (2/12,13).

Joël les appelait à une prière et une repentance authentiques. Il était encore temps de se détourner de la voie du péché qu'ils avaient choisie, et d'éloigner la calamité plus grave que Dieu était en train de leur envoyer. Toutes leurs forces mentales, y compris l'intelligence et l'affection, devaient être tournées vers Dieu. Avec une douleur authentique pour le péché, ils viendraient en pleurant, en se lamentant et en jeûnant se prosterner devant le Dieu de compassion et d'amour qu'ils avaient blessé. Le prophète demande, pour le péché, un chagrin plus profond encore, un chagrin qui devrait, figurativement parlant, déchirer les cœurs durs et insensibles, et les rendre perméables à des pensées et des émotions divines. Comparer le "cœur brisé et écrasé (contrit)" du psaume 51/19. Le caractère de Dieu (Exode 34/6) est tel que les hommes peuvent dépendre de sa miséricorde quand ils ont montré une repentance authentique.

"L'Eternel est jaloux de son pays, et il épargne son pays" (2/18).

C'est avec ces mots importants que Joël commence la seconde moitié de son livre. Nous pouvons imaginer une cassure nette après 2/17, et la vision de gens pleurant, priant, repentants, sur leur face devant Dieu. Le travail du prophète est achevé. Il note simplement pour nous la réponse du Seigneur aux prières de ses enfants. Les sauterelles doivent être détruites, les pluies douces viendront rafraîchir la terre craquelée, le peuple se réjouira encore du renouvellement de la faveur de Dieu. Joël est heureux de leur annoncer l'accomplissement de toutes ses assurances. Leur Dieu était prêt à prouver son amour éternel.

"Je vous remplacerai les années qu'ont dévorées la sauterelle, le jélek, le hasil et le gazim, ma grande armée que j'avais envoyée contre vous" (2/25).

Joël avait un message d'espérance pour le peuple à l'heure de leur calamité la plus sombre. La repentance les avait amenés au point où une pleine restauration était possible. Comme sont frappantes ces paroles : "Ma grande armée que j'avais envoyée" ! Dans la visitation à laquelle se réfère le chapitre 1, le peuple d'Israël était en danger de voir seulement la plaie des sauterelles, et d'oublier celui qui l'avait envoyée. Dieu la confesse comme son armée, qu'il avait dirigée contre le pays pour discipliner son peuple. Mais au jour du Seigneur qui vient, l'Eternel compensera abondamment toute la perte du passé. Il est bon de savoir que nous avons un Dieu qui peut et veut nous élever et nous restaurer dans sa glorieuse présence.

"Après cela, je répandrai mon Esprit sur toute chair... et quiconque invoquera le nom de l'Eternel sera sauvé" (2/28-32).

Le prophète de la Pentecôte fait suivre ses promesses de dons matériels par une glorieuse image de bénédictions spirituelles. Les vieux et les jeunes doivent recevoir cette onction spéciale qui les mettra à part comme des instruments choisis du Seigneur. Ils auront une conception plus claire de la vérité divine et pourront interpréter la volonté de Dieu pour le peuple. Même les esclaves seront favorisés de ce pouvoir mystérieux. L'universalité du dessein de Dieu est révélée lorsque Joël ouvre la porte aux gens de tous les pays, et assure qu'aucune barrière ne sera érigée contre quiconque invoquera le nom du Seigneur. Pierre proclame la promesse de Joël comme non seulement accomplie à la Pentecôte, mais comme destinée à trouver un accomplissement encore plus riche à l'heure voulue par Dieu (Actes 2/17-21).

JONAS

Signification de son nom : hébreu = Yonah = "tourterelle" ou "colombe"

Quel prédicateur éclairé n'a pas voulu faire quelque chose pour aider les hommes à voir les riches trésors enfouis derrière une interprétation trop courante de Jonas cherchant seulement à faire rire ? Une telle tragédie n'a duré que trop longtemps dans le monde. Puissions-nous tourner nos pensées vers le livre pour l'examiner du point de vue qui nous fera aimer le message divin, de sorte que nous soyons capables de l'enseigner intelligemment.

Comment interpréter le livre ?

1. **L'interprétation mythique**

Cette façon de voir présenterait Jonas comme pure fiction, avec un personnage imaginaire et une expérience imaginaire.

2. **L'interprétation allégorique**

(cf. Le Voyage du Pèlerin de Bunyan). Selon cette façon de voir, l'histoire est une parabole préparée à des fins didactiques. Jonas est un type humain d'Israël. Le poisson représente la captivité d'Israël.

3. **L'interprétation historique**

Cette façon de voir, selon laquelle les faits tels qu'ils sont rapportés dans le récit sont vrais, a toujours été soutenue à la fois par les Juifs et par les Chrétiens.

L'époque

L'auteur des Rois nous dit que Jonas vivait au temps de Jéroboam II. Nous savons que ce grand roi étendit ses frontières d'Hamath à la Mer Morte. Tandis que son propre royaume jouissait de la facilité, de la prospérité et de la paix, les Syriens furent repoussés jusqu'à leur propre territoire et d'autres voisins furent affaiblis. Dans l'intervalle, Ozias édifia le même type de royaume dans le sud. Côte à côte, ces deux puissants royaumes grandirent et prospérèrent. Adad-Nirari IV (810-782 av. J.C.) d'Assyrie fit trois incursions en Palestine pour maintenir ses sujets dans le rang, mais il ne molesta pas Jéroboam.

C'est à une époque de succès et de luxe sans pareil que Jonas, le fils d'Amitthaï, effectua sa prédication en Israël. Le peuple d'Israël n'était pas disposé à penser en termes amicaux à aucun de ses voisins. Un nationalisme horrible, étroit, égoïste s'était développé dans leurs cœurs. Israël était le peuple élu de Dieu et ils avaient combattu des guerres amères avec tous les voisins. Pas une seule nation n'était exempte. Certainement personne en Israël n'avait le moindre amour pour le peuple de Ninive.

L'homme

Jonas, le fils d'Amitthaï, naquit probablement à six kilomètres environ au nord de Nazareth. Il fut un prédicateur populaire de bonnes nouvelles pour le peuple d'Israël (2 Rois 14/25). Etant un patriote étroit qui aimait son peuple et son pays, il trouva difficile de comprendre et d'obéir à l'appel de Dieu d'aller à Ninive pour annoncer le jugement de cette cité, afin que le peuple puisse se repentir et vivre. Haïssant l'Assyrie comme il le faisait, il chercha à échapper en se rebellant contre la volonté expresse de l'Eternel. Il n'était pas un lâche, mais un prophète volontaire, fort impulsif, qui ne pouvait se permettre de laisser Dieu commettre une grave erreur. Il avait un esprit antisocial qui ne pouvait voir du bien arriver de l'ennemi haï. Il craignait Dieu et pourtant s'éloigna de lui et refusa délibérément d'être utilisé dans le plan de Dieu en faveur d'une grande cité. Il était un prédicateur puissant, montrant un pouvoir inhabituel pour convaincre ceux qui entendaient son message.

Le livre

Le livre est sur Jonas plutôt que de lui. Il n'y a rien qui suggère où que ce soit que le livre ait été écrit par Jonas. C'est un récit vivant racontant l'histoire d'un prophète et de son comportement subséquent à la correction de Dieu. Le livre de Jonas, donc, comme tant d'autres parties de l'Ancien Testament, est une parabole, peut-être la plus grande des paraboles de l'Ancien Testament, et celle qui s'approche le plus de l'enseignement de la plus grande de toutes les paraboles de Jésus : la parabole du fils qui se perdit et fut retrouvé. Cependant, que nous considérions le livre comme l'histoire littérale ou le traitions comme une allégorie, son but et sa signification sont évidents, tandis que, si nous le considérons comme une parabole, les difficultés disparaissent. Dans l'un et dans l'autre cas, le livre devient un appel très puissant en faveur des missions à l'étranger.

On l'a appelé "le commentaire de Dieu sur Jonas". Les Juifs l'ont en très haute estime. Il a été choisi comme la portion spéciale de l'Ecriture à lire le jour sacré des Expiations. Le grand savant allemand Cornill dit du livre : "Je ne peux prendre ce livre merveilleux, ou même en parler, sans avoir les larmes aux yeux".

Analyse du livre

Quelqu'un a donné le plan suivant :

Chapitre 1	Désobéissance, éloignement de Dieu
Chapitre 2	Prière, approche de Dieu
Chapitre 3	Prédication, marche avec Dieu
Chapitre 4	Mécontentement de Jonas et miséricorde de Dieu

Un autre schéma a été présenté comme suit :

1/1-3.	Désobéissant
1/4-16.	Puni
1/17-2/10.	Préservé
3/1-4.	Prédication dans Ninive
3/5-10.	Conversion d'un peuple
4/1-11.	Image d'un prophète chauvin

Quelques commentaires

Il n'est pas de livre plus moderne dans l'Ancien Testament que celui de Jonas. Son mode de narration ingénieux et sa force dramatique sont nés de l'imagination religieuse dans laquelle il fut composé. Il présente comme évidente la vérité que le Créateur de toute la famille humaine ne peut admettre aucune distinction de race, de croyance, ou de frontières physiques puisque tous les peuples sont sa descendance... Le prophète qui écrivit ce document tend une main secourable à tous ceux qui aiment leurs compagnons humains.

Au-dessus et contre le préjugé étroit de cette époque ancienne, s'étend la largeur de la compassion de Dieu et la profonde miséricorde qu'il offre au pénitent. Tous les hommes, quelle que soit leur époque, sont ses créatures. Leur péché cause le chagrin de Dieu, leur salut sa préoccupation. Et le livre est conçu pour inculquer des vues plus dignes de Dieu et de l'homme, en ôtant l'exclusivisme de la pensée juive, et l'idée que la grâce était la possession du seul peuple de l'alliance.

Le livre est clairement une attaque du Judaïsme étroit, tribal de l'époque, et un plaidoyer en faveur de l'universalisme. Dieu est un et l'humanité est une. De toute évidence, lire le livre de Jonas comme de l'histoire, c'est se trouver impliqué dans un réseau de miracles hautement embarrassants et pervertir un grand message prophétique en non-sens risible. Ce livre est une prophétie hébraïque à son niveau le plus élevé.

C'est le triomphe du Judaïsme. L'auteur de Jonas prend rang avec Esaïe comme un maître constructeur du Judaïsme. L'un enseigne la doctrine du monothéisme absolu, l'autre la doctrine de la fraternité universelle à laquelle la grâce divine nous conduit. L'un expose la nature de la mission d'Israël, l'autre l'illustre : service et non privilège, ou plutôt privilège du service ; c'est la raison de la mise à part d'Israël et c'est sa justification.

L'essence la plus pure du libéralisme juif se trouve, cependant dans le petit livre noblement conçu de Jonas, peut-être la portion la plus christique de l'Ancien Testament.

La vérité que nous trouvons dans le livre de Jonas est une révélation de la volonté de Dieu si pleine que la prophétie ne l'accomplit à nul autre endroit. Que Dieu accorde aux gentils aussi la repentance pour la vie n'est nulle part ailleurs dans l'Ancien Testament aussi vivement illustré. Cela élève l'enseignement du livre à un rang égal à celui d'Esaïe, et le rapproche le plus du Nouveau Testament.

Ce livre apparemment trivial est l'un des plus profonds et des plus sublimes qui fût jamais écrit, et j'aimerais dire à quiconque l'approche : "Ote tes souliers, car le lieu où tu te tiens est terre sacrée". Dans ce livre, la prophétie israélite quitte la scène en tant que victorieuse, et victorieuse dans son combat le plus sévère, celui contre elle-mêmc.

AMOS

Signification de son nom : hébreu = Amoç = porteur (de fardeau).

A une époque où à la fois la société et la religion étaient en faillite, une étrange personnalité émergea du désert de Judée pour imprimer en lettres de feu le message de Dieu dans l'esprit du peuple d'Israël. Quelle terrible accusation il délivra ! Comme elle dessécha tous ceux qui l'entendirent ! Nous devons connaître cet homme, Amos, et comprendre les conditions de son apparition. Nous désirons connaître les contemporains qui l'influencèrent, et ceux qui furent influencés par lui. Les prophètes plus jeunes, Osée, Esaie et Michée, reçurent leur impulsion de ce champion primitif de Dieu.

L'arrière-plan

Historique et politique

Depuis la période de 854 av. J.C., l'Assyrie avait manifesté un intérêt croissant pour la Palestine. Dans la campagne de cette année-là, Achab s'était joint à d'autres états plus petits pour refouler la marée d'une invasion assyrienne conduite par Salmanasar III. Après la bataille plutôt indécise de Karkar, les Assyriens se retirèrent pour demeurer à l'arrière-plan pendant plusieurs années.

Depuis l'accession au pouvoir de Jéhu en 842 av. J.C., le peuple d'Israël était soumis à un traitement féroce par la main de la Syrie. Hazaël, prenant avantage de la faiblesse de l'Assyrie, réussit à maintenir les Israélites dans l'assujettissement. Toutefois, lorsque Adadnirari III devint roi d'Assyrie, il écrasa Damas au cours d'une seule vigoureuse campagne. La suprématie de la Syrie prit fin. Cette délivrance signalée laissa Joas et les Israélites libres de respirer de nouveau. C'était maintenant une affaire facile que d'expulser les garnisons syriennes et d'assurer la sécurité des frontières contre les attaques. Puisque les Assyriens n'étaient pas capables de confirmer leur victoire et de pénétrer largement en Palestine, Joas trouva le temps de commencer à construire un grand royaume. Ce n'est qu'après l'arrivée de Tiglath-Piléser (745-727 av. J.C.) que le pays fut troublé par une autre invasion. Ainsi, de 805 à 740 av. J.C., le pays d'Israël jouit d'une période de paix et de tranquillité. Les nations environnantes n'ayant pas une force suffisante pour lui susciter des difficultés.

Jéroboam II accéda au trône en 783 av. J.C. et entreprit un vigoureux programme de construction. Il reprit facilement le territoire perdu et étendit les limites de son royaume depuis l'entrée d'Hamath jusqu'au torrent de la Arabah. Il serait difficile d'exagérer l'importance des exploits militaires de Jéroboam.

Ozias construisit le long des mêmes lignes dans le sud. Juda fut érigé en un royaume fort et vigoureux, avec des armées, des fortifications, des routes commerciales et des alliances politiques puissantes. Ces deux rois agressifs entraînèrent leur petit royaume dans la même marche à grands pas de victoire en victoire. Les anciennes limites du royaume édifié par David et Salomon furent atteintes à nouveau. Ce fut une période d'expansion, de liberté, d'activité, de prospérité et de paix. L'argent coulait à flots, les armées étaient toujours victorieuses. Le peuple était rempli d'orgueil pour ses armées et leurs réalisations. Personne n'avait d'anxiété ou de crainte de l'invasion. Ils ne pouvaient prévoir que le puissant empire assyrien reviendrait après une accalmie temporaire. Rien n'interférait pour refroidir l'enthousiasme du peuple. Il est toujours tragique d'observer une nation dans ses moments suprêmes de succès et de se rendre compte que ce n'est que le prélude à l'heure de la destinée la plus sombre.

D'après, le titre (1/1) et d'après 7/10-11, nous savons qu'Ozias et Jéroboam II étaient sur le trône quand Amos vint en Israël pour prêcher. Sachant que Yotam était réellement celui qui gouvernait durant les quatorze années de la vie d'Ozias, nous sommes conduits à limiter le temps possible du ministère d'Amos aux années 780 à 752 av. J.C. Les succès et les triomphes qui donnèrent à Israël la liberté, le luxe et la facilité qui conduisirent à son état avancé d'effondrement social ont dû prendre un certain nombre d'années. Il est donc évident qu'Amos a dû apparaître au cours de la fin de cette période, peut-être entre 760 et 750 av. J.C. Esaïe et Michée étaient de jeunes hommes de Juda. Osée était en vie dans le royaume du Nord. Tiglath-Piléser était un jeune grandissant avec des rêves de conquête mondiale. Zacharie en Israël et le faible Achaz en Juda étaient probablement assez jeunes. Le grand et vieux prédicateur, Jonas, pourrait avoir été encore vivant lorsque Amos commença son ministère.

Conditions sociales

Nous trouvons dans le livre d'Amos une vivante image des conditions sociales en Israël à l'époque. C'était une période de prospérité sans précédent. La richesse abondait et les gens s'adonnaient à une vie de luxe et d'indulgence avec soi-même. On trouvait chez les citoyens riches des maisons d'hiver et des maisons d'été avec quantité de pierres taillées et de panneaux d'ivoire. Les affaires étaient bonnes, le vin était abondant, on offrait des lits d'ivoire et des meubles riches en même temps que des friandises et de la musique excitante pour les fêtes et les banquets. La facilité et l'extravagance contrastaient avec la misère et les souffrances de la population esclave qui ne pouvait se payer les nécessités ordinaires de la vie. Il y avait quantité de palais et aussi quantité de bicoques. Les cités croissaient. La classe des marchands faisait de l'argent et prenait possession des terres jusqu'à ce que la plus grande partie du pays soit concentrée entre les mains d'un petit nombre. Les juges étaient malhonnêtes ; le gouvernement était corrompu. L'usure, l'extorsion, les émeutes et les haines de classes étaient visibles à chaque détour. En même temps que tout ceci, on trouvait un optimisme superficiel qui semblait profondément oublieux des certitudes tragiques que l'on rencontrait juste au coin de la rue.

Les riches s'enrichissaient par l'injustice et l'oppression. Les ouvriers pauvres dans les champs souffraient sous la main des propriétaires fonciers et des créanciers sans cœur. Les marchands malhonnêtes et les juges vénaux conspiraient pour rendre la vie des pauvres misérable au-delà de ce qui est supportable. Aucun de ces riches ne semblait se préoccuper de ceux qui souffraient. Les femmes du pays, aussi dépourvues de cœur que leur mari, exprimaient de telles exigences à leur époux, qu'eux à leur tour, imposaient de nouveaux fardeaux aux paysans (4/1). C'était une heure sombre dans la vie de la nation choisie par Dieu.

Conditions religieuses

Les gens étaient extérieurement religieux. Un grand nombre faisait des voyages aux sanctuaires de Béthel, Guilgal et Beershéba. Les chants, les offrandes, l'assistance aux offices, des cérémonies compliquées et des observances religieuses régulières étaient tous visibles en abondance. Il y avait une grande attente eschatologique. Ils languissaient après le jour de l'Eternel.

Malheureusement, toutefois, leurs signes particuliers de religiosité ne les orientaient pas vers un meilleur comportement moral. Leurs chefs religieux étaient des prédicateurs professionnels. L'immoralité était courante, les justes étaient haïs et rencontraient de l'opposition, il y avait beaucoup d'hypocrisie, d'affectation et de superstition dans le type de rituel qu'ils appelaient culte. Les chefs religieux aidaient et encourageaient ouvertement la plus grossière immoralité.

Les nobles riches qui prenaient la tête dans les affaires religieuses étaient égoïstement indifférents aux cris et aux gémissements de la multitude qui souffrait à cause de l'injustice, de l'oppression et de la violence. Ces hommes étaient incapables de voir les défauts internes que les yeux perçants d'Amos pouvaient discerner si clairement. Ils ne connaissaient pas Dieu. Il leur manquait profondément la connaissance qui leur aurait fait comprendre la véritable nature de la religion. Au lieu de vivre simplement, ils connaissaient l'ivrognerie, les repas extravagants, le repos nonchalant sur des couches moelleuses, le fait de perdre à paresser un temps précieux tandis qu'une terrible rétribution s'approchait d'eux.

L'homme de Dieu

Ce simple prédicateur de campagne quitta son foyer de Juda et parcourut trente-cinq kilomètres jusqu'à Béthel dans le royaume du Nord comme messager de Dieu pour ses voisins d'Israël.

Son foyer

Tékoa était un petit village à environ dix-neuf kilomètres au sud de Jérusalem, limité par des collines calcaires et des espaces déserts. La Mer Morte, facilement visible à un niveau inférieur de quelques douze-cents mètres, était éloignée d'environ vingt-neuf kilomètres. C'était un endroit sauvage, désolé, déserté. Les collines solitaires fournirent l'atmosphère pour la formation du prophète de Dieu.

Son équipement

On s'étonne de savoir comment Amos parvint à saisir d'une manière aussi remarquable les problèmes et leur solution. Il connaissait le monde qui l'entourait d'une manière intime, il pouvait mettre le doigt sur le péché exact de chacune des nations environnantes. Il connaissait les péchés d'Israël aussi exactement que s'il avait passé tous ses jours à enquêter en Samarie. Il connaissait en détail l'arrière-plan et l'histoire antérieure de la Philistie, de la Syrie, de Juda et d'Israël. Non seulement les lois, les traditions, les péchés, les échecs et les triomphes de la vie passée d'Israël étaient clairs pour lui, mais il tenait pour acquis que le peuple aussi les connaissait. Il montrait ainsi quelques connaissances en astronomie. Tout ceci l'aidait à interpréter la volonté de Dieu pour le peuple d'une manière exceptionnelle.

Sa formation

La vie au désert donna à un homme fort comme Amos la formation exacte, nécessaire pour l'équiper en vue du ministère le plus efficace. La solitude, la vie dans un endroit retiré, la gloire de Dieu dans la nature, la communion silencieuse avec Dieu, la concentration mentale, la méditation prolongée sur de grandes pensées, les souffrances, l'inspiration tirée de grandes scènes naturelles, le contact avec des commerçants et des voyageurs se combinèrent avec ses dons naturels pour produire un rare spécimen d'humanité. Certainement Dieu construisit cet homme puissant pour répondre au besoin d'un prophète pour parler à Béthel. Les voyages au marché de la laine, le soin constant des moutons, le travail supplémentaire de pincement des bourgeons de sycomore, et les heures de conversation avec des marchands qui voyageaient entre l'Egypte et l'Orient donnèrent à son esprit alerte les éléments essentiels de son éducation. Son étude principale était théologique. Comme il parvint à la connaissance intime de Dieu ! Comme ses convictions étaient fortes et profondes ! Comme il comprenait parfaitement la religion de l'Esprit ! Comme il perçait clairement le type de religion faible, sans ressources, inutile qui passait pour authentique en Israël !

Son appel

Nous ne connaissons pas grand chose sur la manière dont il fut appelé. Il n'était pas membre du groupe des prophètes. Il n'était pas allé dans une école de prophètes. Il ne voulait pas être classé comme membre des corporations qui tiraient leur existence du fait de se plier aux désirs du peuple et de prêcher un message agréable qui lui garantirait des profits.

Il fut arraché à ses moutons dans le désert par une conviction prodigieuse que Dieu voulait qu'il prêche au peuple de Béthel. Cela dut être une expérience profonde avec le Tout-Puissant au désert, qui laissa une impression indélébile sur le berger. La main de Dieu était sur lui. Il ne pouvait y résister. *"Et Dieu me prit de derrière le troupeau, et Dieu me dit : Va, prophétise à mon peuple d'Israël".* C'était un défi impérieux qui ne pouvait être refusé. Aucun manquement à l'obéissance immédiate ne pouvait plaire à Dieu.

Sa mission

Pourquoi dut-il être envoyé à Béthel ? Certainement Jérusalem avait besoin du message. Néanmoins, Dieu voulait que le peuple du royaume du Nord ait une forte parole d'avertissement. Béthel était une petite ville à seize kilomètres au nord de Jérusalem. C'était le siège du principal sanctuaire national où Jéroboam II adorait. Dieu dirigea le messager vers ce lieu où toutes les forces convergeaient pour détruire le vrai culte de l'Eternel. Le matérialisme, le luxe, la facilité, la boisson, la corruption, la concussion, la pensée superficielle et l'immoralité effective étaient trop forts pour ces faibles fondements religieux. Amos fut envoyé à des gens qui n'éprouvaient aucun besoin de prédication. Il leur manquait la base nécessaire pour comprendre véritablement un message spirituel. Il était appelé à faire de son mieux pour obtenir une écoute et faire parvenir à destination des vérités que Dieu dirigeait contre eux.

Sa vie personnelle

Né et élevé dans le désert, Amos eut une vie dure. Garder les moutons et prendre soin des bourgeons de sycomores au goût désagréable constituaient le travail des paysans pauvres. Ses activités quotidiennes au milieu des terres solitaires continuèrent pendant une période de plusieurs années. Ses déplacements aux centres commerciaux lui donnèrent le type de contacts qui rompaient pour lui la monotonie et lui apprirent à connaître intimement les peuples du monde.

Lorsque Dieu posa les mains sur lui pour une activité missionnaire, il dut se détourner de ses devoirs réguliers et aller, en passant par Jérusalem, à Béthel, la capitale religieuse du royaume du Nord. Nous ne savons pas avec certitude combien de temps exactement il prêcha à Béthel. Nous savons qu'il délivra un message puissant aux multitudes assemblées pour quelque fête religieuse. Lorsqu'il parla contre les nations environnantes, les gens furent attirés vers lui pour applaudir ses paroles avec une approbation enthousiaste. Ils durent souffrir cruellement sous le coup de l'accusation qui suivit.

Amatsia, le prêtre fut incapable de résister à la prédication féroce du prophète inspiré. Il saisit finalement sa seule occasion d'interrompre et de blâmer l'intrus du sud. Ce fut une rencontre classique, le prêtre était enhardi par le soutien du roi ; le prophète était fortifié par le sentiment du soutien de Dieu. Amatsia rapporta immédiatement au roi : *"Amos conspire contre toi au milieu de la maison d'Israël. Le pays ne peut supporter toutes ses paroles. Car voici ce que dit Amos : Jéroboam mourra par l'épée"* (7/10b,11a).

C'était une accusation grave. S'étant fortifié, comme ont coutume de le faire les hommes, par son devoir à l'égard des pouvoirs existants, Amatsia ose se tourner contre le prophète ; et il le fait, il est amusant de l'observer, avec ce ton de supériorité intellectuelle et morale qu'il est extraordinaire de voir certains hommes tirer d'une position purement officielle ou d'un contact avec le gouvernement... *"Homme à visions, va-t'en ! Fuis dans le pays de Juda ; manges-y ton pain et là tu prophétiseras. Mais* - notez l'accent montant de la voix - *ne continue pas à prophétiser à Béthel, car c'est un sanctuaire du roi et c'est une maison royale".* Avec l'esprit officiel, ceci est plus concluant que le fait d'être la Maison de Dieu ! En fait, le discours d'Amatsia justifie les termes très durs qu'utilisa Amos au sujet de la religion du jour.

Le prophète fidèle fut, à la fin, réduit au silence par le prêtre salarié qui cherchait à sauver sa position. Amos fut chassé d'Israël. La liberté de parole ne pouvait être autorisée à Béthel. Ni un Elie ni un Amos ne furent jamais en sécurité dans un tel royaume. Cette suppression et cette inhibition rendirent nécessaire aux vrais prophètes de se retirer dans un endroit calme et de réfléchir plus complètement aux choses. Amos reprit probablement ses tâches solitaires avec les moutons et travailla avec diligence pour préparer son livre destiné aux gens qui seraient capables de le lire et de le comprendre.

Son caractère

Amos était profondément religieux. Son intelligence aiguë des choses de Dieu les plus profondes était presque incroyable. Possédant une vision du monde et une intelligence subtile des secrets de la politique internationale, il apparut comme un visionnaire parmi des gens trop lourdauds pour discerner les choses profondes. Il connaissait Dieu, était certain de son appel, sentait la main de Dieu constamment sur lui et ne craignait aucune personne vivante.

Il était un homme qui avait été modelé par la sévère discipline du désert à considérer objectivement les personnes, les nations et les événements. L'homme dans le désert d'Arabie vit seul. Il est un berger nomade sans attachement précis à aucun gouvernement. Amos n'était certainement pas citoyen du royaume du Nord. Il pouvait voir Israël de l'extérieur. Il n'avait que peu de sympathie pour le roi, les nobles, l'armée de la nation elle-même. Cela le rendait d'autant plus fort pour dénoncer les citoyens de cette nation.

Une évaluation de l'homme

Il n'était pas paysan au sens ordinaire du mot, il était un homme d'un naturel vif et capable, pouvant observer, réfléchir et généraliser, conscient de la largeur et de l'étendue des réalités spirituelles, et du caractère solennel du message à délivrer.

Amos est l'une des apparitions les plus étonnantes de l'histoire de l'esprit humain.

Peu d'espérance pour soulager la mélancolie, peu d'espoir dans un Dieu de miséricorde, qui pardonne et guérit en raison de sa compassion infinie, aucune trace d'allégresse, aucun sens de l'humour, aucun doute dans ses propres convictions, ne tempèrent les déclarations d'Amos. Dur, rude, dogmatique, sans merci, il lance les dénonciations contre une société injuste et ses laquais. Justice sans compromis, telle est la grandeur et la faiblesse d'Amos.

Amos fut le premier des quatre prophètes du huitième siècle à redéfinir la notion de l'Eternel et avec lui s'ouvrit une ère de pensée constructive difficilement dépassée à aucune autre période de l'histoire humaine.

Le désert qui s'est si souvent révélé le berceau de la religion, lui enseigna par ses sons et ses silences à être spirituellement alerte, le mit face à face avec Dieu, le rendit capable de voir la vie humaine à la lumière des vérités morales éternelles, le rendit conscient d'une vocation et le dota de l'austérité éthique nécessaire pour quelqu'un qui devait être un prophète de jugement et de dénonciation. La sévérité jaillit presque à chacune des lignes qu'il écrit, il déchire en lambeaux avec mépris les sophismes populaires de son temps. Il fait face aux réalités ultimes. Pour lui, Dieu est un Dieu vivant, un Dieu de caractère moral, un Dieu qui agit dans l'histoire, un Dieu qui est un feu dévorant.

L'étendue et les merveilles de la création de Dieu lui donnèrent une largeur de vision peu commune. L'esprit d'Amos était rude comme les collines de Tékoa parsemées de rochers, audacieux comme les vents du désert, grandiose comme les cieux qui s'étendaient au-dessus de lui.

S'il avait une langue semblable à un fouet pour l'oppresseur, il parlait d'un cœur plein de tendresse pour l'opprimé. Il était féroce parce qu'il aimait. Sa prophétie est du métal fondu chauffé au four de sa compassion.

Comme il met clairement en premier les choses premières ! Il y a un secours dans cet homme, une liberté, une rupture avec les hésitations humaines ordinaires, qui agissent comme un tonique pour nos esprits paresseux. Amos vit dans un monde plus vaste, où la richesse et la splendeur ne comptent pour rien, où les rois semblent petits, où le pouvoir des puissants est méprisable et où les seules choses dignes d'honneur sont la justice, la pureté et la vérité, où ce que Dieu pense est la question suprême. Il est l'un de ces grands esprits émancipés de la race ; l'un de ces champions des pauvres parmi les plus passionnés. Chaque fois que les hommes sont allés à la Bible pour y chercher un encouragement dans le long combat pour la libération des non-privilégiés, ils l'ont trouvé principalement dans Amos et dans les successeurs qu'il a profondément influencés : Esaïe et Michée.

Le livre

Quand Amos constata que les gens ne voulaient pas l'entendre en Israël, il retourna en Juda pour consigner ses messages dans un livre. Il a dû consacrer beaucoup de temps et de réflexion pour produire cet arrangement ordonné de ses sermons. Le texte en a été soigneusement et fidèlement préservé.

L'approche psychologique

Peu d'exemples dans toute la littérature biblique dépassent l'approche pénétrante d'Amos auprès des foules assemblées à Béthel. C'était un jour de fête sacrée. Une multitude de gens s'était assemblée pour entrer dans l'observance formelle d'un grand jour à Sion. Ils n'avaient aucun désir d'un sermon qui les piquerait au vif. Ce prédicateur avisé du désert fut à la hauteur des circonstances. Commençant à loisir avec Damas, il capta rapidement leur attentive sympathie. Comme ils haïssaient ce méchant groupe de Damas ! Très vite il détourna sa bordée flétrissante contre la Philistie, proclamant être un prophète de l'Eternel avec une parole authentique contre ces ennemis acharnés d'Israël. En une succession rapide, sa langue acérée cingla la Phénicie, Edom, Ammon, Moab, puis tourna contre le pays de Juda. Quel merveilleux prédicateur ! Les gens durent être fous de frénésie en suivant, le souffle coupé, toutes ses paroles. Le plus fin psychologue de notre temps ne pourrait surpasser ce commencement classique dont il était maître en son genre. Certainement, ce n'était pas simplement une habileté de l'orateur. Il s'agissait d'authentiques messages de Dieu contre les nations pécheresses, mais nous devons créditer Amos d'une profonde soumission pour une aussi admirable approche.

Le style

Il serait difficile d'exagérer en admirant les belles qualités littéraires du style d'Amos. Il avait un don littéraire élevé. Avec très peu d'exceptions, le langage est pur, les phrases sont construites avec aisance, lisibles, claires, puissantes et dramatiques. L'idiome est utilisé admirablement pour présenter son matériau avec vivacité et couleur. On a l'impression qu'un artiste littéraire a été à l'œuvre avec tous ses instruments et ses couleurs pour produire un chef-d'œuvre. Il utilise la métaphore, le sarcasme, l'ironie, le parallélisme, une imagerie colorée, des expressions éloquentes, des contrastes efficaces, des membres de phrases équilibrés, et, en de nombreux cas, une poésie ailée de qualité élevée. Sa diction est nette et nerveuse. On voit l'orateur à son mieux. Son ardeur et sa sincérité résonnent à travers tous ses discours. Il y a passion et puissance à chaque ligne.

Le plan

Il y a trois parties bien distinctes :

1 à 2. Introduction. Jugements contre les nations pour leurs crimes.

1/3-5. Contre Damas pour sa cruauté sans merci dans la guerre.

1/6-8. Contre la Philistie pour avoir réduit les prisonniers en esclavage.

1/9-10. Contre Tyr pour s'occuper du trafic des esclaves.

1/11-12. Contre Edom pour une conduite sans cœur, non fraternelle.

1/13-15. Contre Ammon pour sa cruauté diabolique dans la guerre.

2/1-3. Contre Moab pour sa cruauté, sa haine et ses traitements inhumains.

2/4-5. Contre Juda pour sa déloyauté à l'égard de Dieu.

3 à 6. Trois messages contre les crimes d'Israël :

3/1-15. La nécessité du jugement contre Israël.

4/1-13. Une dénonciation de l'oppression, de l'idolâtrie et de l'impénitence.

5/1-6. Oppression, culte formel et mœurs vicieuses appellent la condamnation d'Israël.

7 à 9. Cinq visions indiquant la détermination de Dieu à amener le châtiment sur Israël :

7/1-3. Les sauterelles

7/4-6. Le feu

7/7-9. Un niveau dans la main

7/10-17. Récit historique

8/1-3. Un panier de fruits d'été

9/1-10. Le sanctuaire frappé avec ses adorateurs

9/11-15. Un épilogue décrivant le nouveau jour de puissance, de splendeur et de paix.

L'intégrité du livre

Beaucoup de théologiens sont d'accord pour dire que le livre sort de la main d'Amos. Il fut probablement composé au cours des mois suivant son expulsion de Béthel. L'auteur se lança avec un plan très précis et le poursuivit jusqu'à l'achèvement au moyen d'un développement logique. La majorité des critiques s'opposent à l'authenticité de la prophétie contre Juda 2/4,5 et du tableau joyeux, plein d'espoir 9/8b-15. Les "passages sur la nature" 4/13 ; 5/8,9 ; 9/5,6 sont considérés comme tardifs. Les arguments utilisés dans chaque cas sont loin d'être concluants.

La valeur du livre

Ce document contemporain de la période la plus importante de la prophétie de l'Ancien Testament est précieux pour l'étudiant de la Bible. C'est l'un des premiers messages prophétiques écrits, et il devrait se révéler exceptionnellement utile pour une image correcte des ces temps remuants du huitième siècle.

Il nous dépeint de manière vivante et claire les conditions de la société de ce demi-siècle. L'étudiant attentif du livre peut réunir les divers éléments qui constituent un tableau coloré des conditions sociales en Israël. Amos nous instruit des préjugés, de l'optimisme ostentatoire, de la croissance du pouvoir et de la richesse, du sentiment de sécurité, des attitudes hautaines, de l'augmentation de l'oisiveté et du luxe, du gouvernement corrompu, des femmes avides, de la subornation, de l'immoralité, de la profonde pauvreté et des souffrances de la majorité du peuple.

Il est tout aussi clair dans ses tableaux vivants des conditions religieuses à Béthel. Quel type de religion inutile, insipide, stupide ! Amos, marqué par l'atmosphère rare du désert, était étrangement affecté par la chose vide, formelle, sans cœur, qui se cachait sous le nom de religion. Au lieu d'élever le niveau de l'éthique et de la moralité du pays, elle tendait en réalité à dégrader et à abaisser les pensées et les sensibilités plus fines du peuple. C'était positivement une disgrâce. Amos peint le peuple dans sa folle tentative pour apaiser le Dieu national et lui plaire par des offrandes coûteuses, des fêtes, des jours spéciaux, un rituel somptueux et des signes de loyauté externes extravagants. Béthel, Beershéba, Dan et Guilgal étaient envahis par le troupeau piétinant de ces intercesseurs trompés. De grandes tranches de la richesse nouvellement acquise étaient déversées dans ces vaines offrandes. Le fin prophète de Dieu voyait avec exactitude ce qui emplissait le cœur derrière ce faste stupide. Avec des expressions piquantes, il traçait des portraits de ces gens tels que Dieu les voyait.

Le livre est spécialement précieux pour la lumière qu'il jette sur l'histoire et les lois de la Parole de Dieu. Amos semble connaître intimement même les menus faits de l'histoire. Il est remarquable de voir combien d'allusions, plus ou moins précises, à cette histoire se trouvent dans les limites de ce petit livre ; et leur importance ne réside pas dans le nombre réel de références, mais dans le type des références et les implications entraînées par ces références individuelles. C'est-à-dire qu'il ne faut pas prendre chaque référence comme un témoignage isolé de quelque événement singulier en question, mais elle implique beaucoup plus que ce qui est exprimé, et n'est intelligible que lorsque d'autres faits ou incidents sont pris en considération. Amos tenait pour acquis que le peuple de l'assemblée de Béthel connaissait les menus détails de l'histoire des patriarches telle que nous la trouvons dans le livre de la Genèse. Le livre d'Amos nous donne un témoignage précieux sur la littérature disponible en ce temps là.

Ses messages sont couchés dans un langage qui respire l'esprit même de la loi donnée par Moïse. Les exigences éthiques du Livre de la Loi sont la base des défis éthiques qu'il lance au peuple. On peut difficilement échapper au sentiment qu'Amos interprétait la Torah à ses auditeurs. Il est un prédicateur de la justice qui jette constamment de la lumière sur le Pentateuque.

Par l'étude de ce livre, nous voyons un prophète réel à l'œuvre tandis qu'il libère son âme des sujets que Dieu voulait présenter à son propre peuple. Nous comprenons mieux Dieu et la religion de l'Eternel grâce à Amos. Nous voyons les prophètes des écoles en contraste avec le véritable homme de Dieu. Nous comprenons quelque chose des exigences d'un Dieu juste qui réclame son peuple choisi et cherche à l'élever dans une atmosphère plus pure au moyen d'un interprète fidèle. Le livre nous aide à voir les premiers commencements du véritable ordre prophétique. Il éclaire le prophète idéal de Dieu et la religion idéale.

Valeur du message

Outre des valeurs que nous avons notées, il vaudra la peine de considérer plus précisément le matériau réel servant à la construction des messages. Le chrétien sérieux voudra connaître le livre d'Amos.

Son idée de Dieu

Il fut donné à cet homme subtil issu du désert de comprendre l'Eternel mieux qu'aucun de ses prédécesseurs. Il prit conscience que Dicu n'était pas simplement le Dieu privé d'Israël. Pour Amos, Dieu est le grand gouvernant de la terre et du ciel, qui a créé les montagnes massives, les planètes, les Pléiades, les mers, les nuages et la population de la terre. Les ténèbres s'enfuient à son commandement ; les eaux montent et descendent quand il le choisit ; son souffle en colère dessèche le Carmel : sauterelles, nielle et plaies ; peste, tremblements de terre et orages se produisent au lieu même qu'il choisit. Il est l'Eternel Sebaoth avec, dans sa main, des forces et des pouvoirs sans nombre à utiliser à tout moment qu'il choisit.

Il a le même droit et la même maîtrise sur les nations, les déplaçant d'une partie de la terre à l'autre, comme un grand joueur d'échecs déplacerait ses pions sur l'échiquier. Il peut faire comme il le désire avec Damas, Gaza, Tyr, Edom, Moab et Ammon. Chacune d'elles sera jugée au siège de son jugement. Leurs dieux, Hadad, Dagon, Melkart et Kémosh ne sont pas à considérer même un instant. Dans le passé, c'est sa main qui a conduit les migrations des Philistins depuis Caphtor et des Syriens depuis Kir. Il est maintenant prêt à imposer aux nations sa grande puissance.

D'une manière vivante, il décrit l'impossibilité d'échapper à l'œil attentif de Dieu. Le labyrinthe des fourrés du Carmel, les royaumes inférieurs du Shéol, les hauteurs les plus élevées du ciel, les profondeurs de la mer et les étendues lointaines du territoire de l'ennemi seraient des cachettes inutiles. Son regard pénètre également l'esprit de l'homme. C'est une conception exaltée de Dieu qu'Amos enseigne.

Le livre d'Amos fait apparaître que l'Eternel se soucie réellement de toutes les nations avec un amour authentique et particulier. Il a conduit d'autres peuples comme il a conduit Israël. Il ne favorisera pas Israël aux dépens des autres nations. Il veut voir toutes ses créatures bénies et suivant ses voies. Il traite chaque nation selon la justice de ses voies et punit leurs péchés de façon impartiale. Israël doit être jugé selon les mêmes principes de moralité qui sont imposés aux tribus environnantes. Chacune doit observer des règles fondamentales d'humanité telles que l'intégrité, la pureté et l'observance de pratiques religieuses honorables.

Nulle part Amos ne traite de la nature de Dieu de manière abstraite. Il le dépeint franchement comme un être moral qui connaît Israël intimement et juge tous les peuples sur des bases morales comme un être qui ne peut être trouvé que par une conduite morale. Il est tout à fait impossible de le maîtriser ou de le contraindre, mais il est amical et on peut compter sur lui pour faire sa part dans la promotion du bonheur et du succès des hommes. Comme il est un juge impartial, ses sujets peuvent s'attendre à des jugements fondés sur le droit et non colorés par des considérations sentimentales. Un rituel élaboré ne sert qu'à offenser sa sensibilité délicate.

Il est un Dieu qui sera forcé de permettre des calamités sérieuses et des misères sans nombre sur son peuple. Amos semble penser que le Seigneur a atteint la limite de sa patience à l'égard d'Israël. La justice rétributive amènera sur les nations l'heure de la ruine et du désastre. Même les pauvres du pays qui réclament cependant toutes les sympathies d'Amos doivent tomber avec leurs riches oppresseurs. A l'exception de quelques brefs passages (notamment 9/8-15), le jugement semble devoir être absolu. Ces versets donnent ainsi quelque lumière à un tableau qui est d'autre part exceptionnellement sombre. Amos connaissait Dieu de manière si intime qu'il lui fut difficile de faire percevoir à des hommes égoïstes toute la beauté du caractère divin.

Le péril du privilège

Amos avait une parole très précise à dire concernant le peuple élu de Dieu. Israël est très réellement un trésor particulier de l'Eternel. Il a aimé Israël d'un amour tendre et compatissant. Si d'autres peuples appartiennent aussi à sa famille, c'est sur Israël qu'il a dirigé ses faveurs spéciales. Cette relation intime fait peser sur Israël une obligation d'autant plus lourde. Le privilège implique la responsabilité. *"Je vous ai choisis, vous seuls parmi toutes les familles de la terre ; c'est pourquoi je vous châtierai pour toutes vos iniquités"* (3/2).

La bonté de Dieu en élisant Israël a accru sa responsabilité. Amos enseigne le véritable sens de l'élection. Etre les "élus de Dieu" signifie porter des responsabilités plus lourdes, et cela amènera sur eux une punition plus sévère. Jésus enseigna la même vérité : *"On demandera beaucoup à qui l'on a beaucoup donné"* (Luc 12/48).

La religion n'est pas une assurance contre le jugement, ce n'est pas une simple réconciliation, une échappatoire. La religion n'est qu'un moyen, la plus grande opportunité morale offerte aux hommes, et, s'ils la méconnaissent, il ne leur reste que l'attente du jugement.

La justice est élémentaire et éternelle

Dieu est juste et il veut voir de l'honnêteté et des affaires justes parmi son peuple. Les abus commis par des tribunaux, la cruauté des riches, le commerce malhonnête des marchands et du peuple ne seront pas pardonnés par un Dieu juste. Amos attaque les péchés de la civilisation. Les actes d'inhumanité des autres nations sont moins graves à ses yeux que les péchés plus raffinés des hommes et des femmes religieux, bien élevés, qui vivaient en Israël. La corruption, l'intolérance, le luxe, l'oppression des pauvres, et l'accaparement des terres sont plus odieux aux yeux de l'Eternel que toutes les atrocités des guerres sémitiques. Le comportement social du peuple est plus horrible que ce que l'on peut imaginer. Il dit : *"Ils ont vendu le juste pour de l'argent, et le pauvre pour une paire de souliers. Ils aspirent à voir la poussière de la terre sur la tête des misérables, et ils violent le droit des malheureux... ils s'étendent près de chaque autel sur des vêtements pris en gage, et ils boivent dans la maison de leurs dieux le vin de ceux qu'ils condamnent"* (2/6b-8).

Toutes les phases de la vie sociale sont impliquées. Les maisons d'hiver et les maisons d'été, les maisons d'ivoire et toutes les autres marques d'extravagance impie seront balayées par le souffle féroce de l'Eternel. Les femmes cruelles, sans cœur, sans cervelle sont l'objet de la dénonciation la plus amère que délivre Amos. L'absence de réflexion et le luxe sont capables de faire des monstres avec des femmes ayant une bonne éducation, un foyer, une religion. Elles étaient coupables de pousser leur mari à des crimes odieux.

Amos posa des fondations profondes et fortes pour la construction que Jésus devait ériger. Son austère sens de la justice absolue constituait une norme qui était bien trop élevée pour le peuple faible, mou et stupide qu'était alors Israël. C'était une exhortation à la charité et à l'honneur au milieu du crime, de l'égoïsme, de l'avidité, de l'oppression et de la malhonnêteté. Puisse cet Amos-là être entendu aujourd'hui !

Insouciance irréfléchie

Le prophète lança ses foudres sur les gens lorsqu'il les accusa de vivre dans l'abondance, de gaspiller des choses précieuses, d'en prendre à leur aise avec l'extravagance tandis que des milliers souffraient autour d'eux. Ils n'avaient pas une pensée pour les pauvres créatures qui mouraient de faim. *"Malheur à ceux qui vivent tranquilles dans Sion, et en sécurité sur la montagne de Samarie, à ces grands de la première des nations, auprès desquels va la maison d'Israël !... Vous croyez éloigner le jour du malheur, et vous faites approcher le règne de la violence. Ils reposent sur des lits d'ivoire, ils sont mollement étendus sur leurs couches ; ils mangent les agneaux du troupeau, les veaux mis à l'engrais. Ils extravaguent au son du luth... Ils boivent le vin dans de larges coupes, ils s'oignent avec la meilleure huile, et ils ne s'attristent pas sur la ruine de Joseph !"* (6/1-6).

Israël est dans un état d'effondrement moral. Les gens stupides ne s'en soucient pas. Les riches qui ont de belles maisons, une nourriture savoureuse et abondance de vin sont totalement indifférents aux pleurs, aux gémissements, à la pauvreté et aux droits des pauvres. Pourquoi devraient-ils se tracasser pour des créatures aussi insignifiantes ? Ils peuvent parler savamment d'art, de commerce, d'affaires, de patriotisme, de religion et de politique, mais ils ne ressentent ou n'expriment pas le plus léger souci concernant les malheurs réels, les dangers réels, les chagrins réels du peuple. La pauvreté, l'ivrognerie, le surmenage, la faim, l'expulsion des maisons et les crimes ne sont pas à prendre en considération dans leurs vies actives. Il a toujours été vrai que les hommes et les femmes qui vivent bien s'estiment supérieurs aux pauvres et aux moins fortunés qui sont sur le point de mourir de faim. C'est une tentation subtile de disposer l'esprit à jouir de ce que l'on a, sans penser aux besoins criants de voisins malheureux.

Il est tragique que nous trouvions ce même péché présent dans notre pays. Combien nous sommes irréfléchis ! Combien nous demeurons totalement indifférents au milieu de la ruine qui approche ! Combien nous sommes peu disposés à faire quelque chose pour soulager la souffrance et la détresse !

Culte qui insulte Dieu

Amos avait une religion véritablement spirituelle. Elle avait l'essence d'un authentique culte du cœur. La religion du peuple d'Israël était dégoûtante à ses yeux. Les gens insultaient Dieu avec leurs offrandes de sacrifices formels, sans cœur et dépourvus de sens. Il dit : *"Je hais, je méprise vos fêtes, je ne puis sentir vos assemblées. Eloigne de moi le bruit de tes cantiques, je n'écoute pas le son de tes luths. Mais que la droiture soit comme un courant d'eau, et la justice comme un torrent qui jamais ne tarit"* (5/21, 23, 24).

Il veut leur faire comprendre qu'ils ne peuvent espérer gagner la faveur de Dieu par une série d'observances, de rites et de cérémonies. Il ne demande pas des louanges, des sacrifices ou des observances cérémonielles, mais la justice et la droiture. Il exige une conduite digne de la présence de Dieu. La cérémonie la plus élaborée, observée de la façon la plus pointilleuse, ne peut être utilisée comme substitut des devoirs moraux.

Amos fit de son mieux pour aider Israël à voir que le cœur réel de la religion est éthique, alors qu'ils permettaient au rituel et au cérémoniel de l'emporter sur l'élément moral. A côté de l'autel fumant et des festivités attirant les foules dans le temple, s'élevait le cri de détresse des multitudes opprimées ; le bruit de l'orgie sauvage, la puanteur de la malhonnêteté et de la corruption et la plus vile sorte d'immoralité. Leur cœur et leurs mains impurs étaient une insulte à Dieu. Hélas, c'est en vain qu'Amos essaya désespérément de les amener à voir la nature et l'essence de la religion de l'Esprit !

OSÉE

Signification de son nom : Transcription grecque de l'hébreu Hoshea = "Yah sauve"

Il est encore vrai que "tout le monde aime un amoureux". Osée prend place parmi les plus grands amoureux de tous les âges. Son amour était si fort que le comportement le plus vil de son épouse ne put l'émousser. Il souffrit cruellement, mais dans chaque accès de souffrance, il en vint à connaître clairement le cœur infini de Dieu. Gomer lui brisa le cœur, mais elle lui permit de donner au monde une image du cœur de l'amour divin. Ce sera une étude précieuse que d'analyser le caractère, la vie et les enseignements d'un homme si rare.

L'arrière-plan

Historique et politique

Le règne de Jéroboam II en Israël fut une ère de paix, d'abondance, de prospérité et de luxe. En Samarie et à Jérusalem, les gens se complaisaient dans le type de vie qui les affaiblissait et les débauchait. Ils avaient une tendance à la facilité, l'extravagance et l'oppression. Le prédicateur du désert, Amos, vint pour le leur dire, mais ses messages brûlants avaient peu d'effet sur des gens qui ne pouvaient voir encore aucun signe annonciateur des conséquences sérieuses que le prophète prédisait. Aussi longtemps que l'Assyrie était tranquille et que les nations avoisinantes les laissaient en paix, les Israélites ne voulaient pas penser au danger. Ozias à Jérusalem et Jéroboam II en Samarie suivaient leur chemin dans le monde. Deux puissants royaumes furent édifiés, qui pouvaient espérer conserver leur place au soleil. Tous les commentateurs séculiers étaient disposés à vanter le pouvoir, la puissance et la richesse de ces deux petites nations. Mais un vrai prophète de Dieu était capable de voir les signes du déclin, des preuves du poison dans le sang et une calamité inévitable imminente pour des gens stupides.

Le fils de Jéroboam, Zacharie, fut assassiné dans les six mois qui suivirent son accession au trône. Son assassin, après avoir été roi pendant un mois, fut détrôné et tué par le jeune et vigoureux Ménahem. L'anarchie faisait son entrée. Aucun roi n'était en sécurité, sauf dans la mesure où il pouvait entretenir une solide garde pour éloigner de potentiels assassins. Tiglath-Piléser d'Assyrie commença sa carrière spectaculaire en 745 av. J.C. Aucun royaume ne pouvait résister à son assaut terrible. Lorsqu'il envahit le pays de l'Ouest, Ménahem fut forcé de payer un énorme tribut pour satisfaire les exigences assyriennes. Le joug assyrien fut solidement fixé sur le cou d'Israël. La paix, la sécurité et la richesse furent ôtées du pays.

Pékachia fut incapable de continuer après la mort de son père Ménahem. Pékach reprit les rênes du gouvernement et entreprit immédiatement de secouer le joug assyrien. Retsin de Damas fut heureux de se joindre à lui dans cette entreprise, mais Achaz de Juda refusa de participer à la conspiration. Ce fut une heure critique pour eux tous. Lorsque Pékach et Retsin firent la guerre à Juda, le faible roi Achaz fit appel à l'aide de Tiglath-Piléser. En peu de temps, la grande armée assyrienne vint à la rescousse. Damas fut renversée, Retsin fut abattu, et pratiquement tout le royaume d'Israël fut envahi. La cité de Samarie fut laissée avec Osée, un roi marionnette, agissant comme gouverneur sous le contrôle de l'Assyrie. Achaz fut forcé de reconnaître l'Assyrie comme maîtresse de Juda. Ainsi, en un petit nombre d'années, tout fut complètement bouleversé. Amos avait parlé au peuple des conséquences tragiques de leurs péchés, mais ils n'avaient pu croire en la possibilité de telles calamités. Lorsque le roi Osée se révéla infidèle, il fut nécessaire pour Salmanasar de faire le siège de la cité de Samarie. Après trois années, vint la fin de la forteresse fondée par Omri.

C'est durant ces années d'anarchie, d'effusion de sang, de révolte et de ruine d'une nation qu'Osée le prophète prêcha en Israël. Il fut appelé à proclamer le message de Dieu à un peuple qui avait très peu d'intérêt pour les questions spirituelles. Ils n'avaient pas écouté Amos. Ils n'étaient pas disposés à faire attention à Osée. La dissolution, la décadence et la mort étaient tout autour de lui. L'anarchie, le chaos, les haines mortelles et les alliances brisées étaient visibles de tous côtés. Des aventuriers sauvages pouvaient se lever pour assassiner un roi et s'emparer du trône à chaque étape du voyage. Ces gouvernants insensés et sans Dieu cherchaient à poursuivre leurs propres plans égoïstes tandis que les nations souffraient et tombaient en ruines. Les ennemis externes et les discordes internes amenèrent la chute du royaume de Jéroboam I vieux de deux cents ans. Des princes stupides, qui conduisirent le peuple à se fier à l'Egypte hâtèrent la fin. L'Egypte promit beaucoup, mais ne fut jamais capable d'exécuter aucune de ses promesses. Elle fut complètement inutile en tant qu'alliée.

Dans le sud Jotham et Achaz régnaient en tant que rois, tandis qu'Esaïe et Michée apportaient les messages de Dieu en tant que prophètes. Osée tint bon dans le nord comme représentant de Dieu pendant ces jours troublés.

Conditions sociales

De tous côtés, le jeune prophète était confronté à des conditions sociales qui rendaient son cœur malade. Le sentiment général allait vers le relâchement et le dérèglement dans le comportement personnel. Les dirigeants donnaient de mauvais exemples au peuple. La propriété avait peu de valeur, car aucune personne ne pouvait être sûre de son droit de la conserver.

Les tribunaux étaient corrompus. Les juges vivaient de pots-de-vin et des honoraires excessifs extorqués à des gens sans défense qui cherchaient à se cramponner à leur propriété et à leurs droits. Les conspirations et les complots étaient si courants que les gens n'osaient se fier à aucun groupe. Amos avait observé les gens aimant l'aisance tandis qu'ils paressaient dans l'oisiveté et le luxe. Osée vit les mêmes gens endurcis et rendus criminels par les conditions qui les entouraient. L'effusion littérale du sang, le brigandage de grand chemin, l'assassinat et le vice organisé étaient visibles partout dans le pays. Les prêtres, qui étaient les représentants élus de Dieu, étaient en fait à la tête de troupes organisées de bandits. Ces mêmes prêtres étaient les instigateurs de rackets. Dans un monde instable, les gens en étaient venus à perdre leur confiance en soi. La peur et l'incertitude les saisissaient pour les rendre sans défense.

La vie de famille avait volé en morceaux. Le respect de la sainteté du foyer et du serment de mariage s'était perdu. La fausse adoration et les cultes étrangers avaient brisé les anciennes normes de moralité et de fidélité. C'est une heure tragique, lorsque les hommes et les femmes perdent le sens du caractère sacré des relations familiales. L'ivrognerie, avec tous les maux qui l'accompagnaient, brisait rapidement la vie de famille et débauchait l'esprit des gens.

La concentration de la richesse dans les mains d'un petit nombre avait porté ses fruits naturels de haines de classes, de mesures oppressives, d'évictions des maisons, d'actes désespérés de représailles et d'esclavage de fait pour beaucoup de ceux qui ne pouvaient faire face à leur environnement. Autant de pauvreté abjecte au milieu d'hommes et de femmes arrogants ayant de la fortune doit avoir provoqué une situation éprouvante pour un prophète qui percevait quelque chose de la haine de Dieu pour de telles conditions.

Conditions religieuses

En plus des conditions sociales qui étaient l'excroissance du péché, nous devons considérer pendant quelques instants l'état réel des cœurs produisant un fruit aussi laid. Les prêtres avaient failli à leur devoir élevé d'amener les gens à connaître la Parole de Dieu et ses exigences à leur égard. Ces prêtres avaient réellement conduit les gens dans le péché, et avaient rendu le péché attrayant. Les exigences morales et éthiques étaient éliminées. Le type de culte organisé pour les adorateurs était formel et professionnel. Quand le prêtre et le rituel n'exigeaient rien des gens, il devenait de plus en plus difficile de s'opposer aux péchés commis par le peuple. La mode du jour devint de vivre des vies manquant de tonalité morale, puis de continuer par le culte au sanctuaire, qui se trouvait dans un état d'abandon ne rencontrant que l'indifférence. Les rites licencieux, repris d'un paganisme grossier, conduisaient les adorateurs à de tels excès que toute pensée de pureté et de vie spirituelle était hors de question.

Les prétendues "saintes femmes" étaient gardées dans les sanctuaires centraux comme prostituées du temple pour gratifier les désirs ardents des hommes. Les gens devenaient rapidement dégénérés. La vie familiale était pourrie. Les maris, les épouses et leurs enfants avaient coutume de se vautrer dans la débauche. Osée observait une tragédie inexprimable dans le pays de l'Eternel.

Osée percevait quelque chose de l'atrocité du péché d'infidélité qui causait un tel chagrin au cœur de Dieu. Il se représentait Israël comme disant : *"J'irai vers mes amants qui me donnent mon pain et mon eau, ma laine et mon lin, mon huile et ma boisson"* (2/7).

Le peuple de Dieu s'intéresse à tout dieu qui lui fournira les choses matérielles qu'il sollicite. Etant ignorant du vrai donneur, il cherche à tâtons dans l'indécision, celui qui lui apportera ce que son cœur désire.

Même dans cette "danse délirante de la mort", les gens sont impudents dans leur vanité impie. Ils sont cités comme disant : *"A la vérité je me suis enrichi, j'ai acquis de la fortune pour moi-même"* (12/9).

La nation mercenaire refuse de voir la complète tragédie du tableau qui s'étend de tous côtés. Il est beaucoup plus facile d'imaginer que tout va bien et qu'aucun mal ne peut arriver à quelqu'un qui est assez avisé pour affermir sa situation avec des richesses, des provisions et toutes les protections disponibles. Cette folle tromperie de la vanité, alors qu'ils étaient assis sur un volcan furieux, doit avoir fait pleurer le cœur d'Osée d'une peine étrange.

Il faut rappeler qu'Osée prêchait à des gens qui étaient les élus de Dieu depuis de nombreuses générations. Ils n'avaient pas réussi à comprendre et à suivre les enseignements de la loi et des Prophètes. Ils étaient coupables d'un péché atroce, en ce qu'ils avaient refusé d'aimer celui qui les avait aimés avec tant de dévotion. Ils avaient répondu à l'amour véritable par l'infidélité. Une alliance avait été brisée. Un Dieu qui les avait choisis, les avait fait sortir d'Egypte, les avait aimés au travers d'épreuves terribles, et les avait établis dans la terre promise, avait été abandonné et repoussé avec dédain. C'était sûrement une expérience déchirante. Le prophète dont le cœur avait été brisé fut choisi pour parler à ce peuple pécheur.

On peut discerner les échelons successifs suivants dans la chute nationale d'Israël :

1. Manque de connaissance : *"Mon peuple périt parce qu'il lui manque la connaissance"* (4/6).

2. Orgueil : "L'orgueil d'Israël témoigne contre lui" (5/5).

3. Instabilité : *"Votre piété est comme la nuée du matin, comme la rosée qui bientôt se dissipe"* (6/4).

4. Mondanité : *"Ephraïm se mêle avec les peuples ; Ephraïm est un gâteau qui n'a pas été retourné"* (7/8).

5. Corruption : *"Ils sont plongés dans la corruption comme aux jours de Guibéa"* (9/9).

6. Apostasie : *"Mon peuple est enclin à s'éloigner de moi"* (11/7).

7. Idolâtrie : *"Maintenant ils continuent à pécher, ils se font avec leur argent des images en fonte, des idoles de leur invention"* (13/2).

L'homme de Dieu

Osée était un fils du pays qui aimait son propre pays et son peuple avec tant de dévotion qu'il en parle constamment avec des images qui ne peuvent être oubliées. Il vint vers son propre peuple et passa toute sa vie dans un effort incessant pour les ramener à Dieu. Aucune autre nation ne réclama son attention, sauf quand elles furent vitalement liées au bien-être d'Israël.

Son mariage

Tôt dans sa vie, il tomba amoureux de Gomer, la fille de Diblaïm, et l'épousa. Il savait probablement peu de choses de son histoire et de son caractère. La passion fait qu'on oublie de telles considérations. Nous savons avec certitude qu'il l'aima sincèrement tout au long de sa vie. Nous apprenons aussi le type de pensée peu profonde et insensible qu'elle avait de lui et qui devait causer tant d'agonie et de souffrance. Elle ne pouvait réellement comprendre le puissant amour d'Osée.

Elle se révéla indigne d'un tel amour, mais l'amoureux continua à l'aimer. Nous ne pourrons jamais connaître la souffrance poignante de ces heures où son cœur désirait ardemment l'amoureuse de sa jeunesse. Son comportement stupide et irréfléchi ne fit qu'ajouter à la tragédie.

Au moins trois interprétations du compte rendu de son mariage ont été avancées. Certains commentateurs prétendent que le compte rendu est de l'histoire littérale et qu'Osée reçut l'ordre d'épouser une femme réellement adultère, et qu'il obéit à l'ordre divin. Beaucoup l'ont considéré comme une allégorie, prétendant qu'aucun mariage de cette nature n'eut lieu, mais que le prédicateur inventa la parabole pour illustrer la conception de l'amour de Dieu pour des hommes pécheurs. La majorité des interprètes soutiennent l'idée qu'Osée épousa réellement Gomer, qui était, à l'époque du mariage, une femme pure, mais qu'elle tomba par la suite dans le péché.

Chacune de ces interprétations a eu un groupe nombreux d'avocats. A la lumière du message global du livre, il semble inconcevable que la première ou la seconde puissent être vraies. L'idée qu'illustre Osée est qu'Israël était pur, innocent et fidèle quand l'Eternel le choisit comme sa fiancée. Osée avait des idéaux si élevés concernant le mariage, et prêchait des messages si forts contre l'infidélité que nous ne pouvons imaginer qu'il soit allé vers une femme à la vie impure, et l'ait prise dans sa propre maison. Elle s'empêtra dans le filet du péché et de la vie immorale qui l'entourait, et devint adultère après la naissance du premier enfant. La peine intense qui atteignit le cœur pur du mari ne peut être pesée. Le combat de son chagrin et de sa honte lorsqu'il s'aperçut qu'elle lui était infidèle révèle quelque chose de l'amour inépuisable de celui qui aime véritablement. Après plusieurs années de cette agonie, elle quitta la maison pour se vendre comme esclave aux amants qui lui promettaient davantage. Quelle image tragique du chemin descendant d'Israël à cette époque et de tous ceux qui piétinent le pur amour de Dieu pour aller à la poursuite des amants qui promettent des plaisirs illégitimes. L'Eternel des Armées souffre une agonie de cœur atroce lorsque ses propres bien-aimés se révèlent faux, comme le jeune époux sensible souffrit lorsqu'il se rendit compte que sa plus chère possession s'était vendue à d'autres et l'avait laissé seul.

Son équipement

Le jeune prophète reçut de Dieu un don d'âme spécial qui le rendit capable de percevoir et de saisir les choses les plus subtiles de la révélation divine. Son âme sensible lui donnait un avantage déterminé sur d'autres interprètes des plus profonds mystères de la grâce. Il fut profondément influencé par Amos, qui eut tant de mal à obtenir que les hommes connaissent Dieu comme il le connaissait. Dans un pays aussi petit qu'Israël, il est hors de question de supposer que le jeune prédicateur ne réussit pas à entendre, à apprécier et à profiter des défis spirituels posés par le prophète plus âgé de Tékoa. Osée semble avoir eu dans son cœur une place douloureusement tendre pour son pays et pour son propre peuple. Son amour pour ses voisins le rendait capable de leur prêcher avec une efficacité particulière. Il connaissait leurs péchés, leur vie, leurs échecs, leurs responsabilités. Sa connaissance de la nature et ses accointances intimes avec toutes les phases de la vie de la nation le préparaient à les ramener à son bien aimé Dieu.

La noire tragédie domestique fit pour lui quelque chose que rien d'autre n'aurait pu faire. Ce n'est qu'après qu'un cœur, écrasé par un chagrin indescriptible, a été déçu de l'amour qu'il est véritablement capable de parler des douleurs plus profondes de l'amour incomparable de Dieu. Le roman brisé de sa vie conduisit Osée à voir un autre roman. Il vit l'image de l'Eternel courtisant et épousant une pauvre fille esclave dans le pays d'Egypte. En le voyant lui prodiguer son tendre amour et l'infidélité par laquelle elle répondit à sa tendresse, Osée fut capable de mesurer l'amour inépuisable de Dieu comme aucun autre prophète ne l'avait fait. Il devint un prophète qui avait le pouvoir de présenter les qualités les plus profondes des plus glorieux attributs de Dieu.

Son caractère

Osée était un jeune homme calme, pensif, affectueux, sensible, qui livra son cœur à la prédication lorsqu'il devint si péniblement conscient de l'amour douloureux d'un Dieu Père. Il était plus qu'un réaliste au style captivant. Il avait la finesse de percevoir les profondeurs cachées de la religion et de la vie. Il apprit à si bien connaître l'Eternel qu'il fut en possession d'une compréhension de Dieu jusque-là inconnue. Il était intensément sensible.

Osée vécut une vie si solitaire que tout son ministère fut imprégné d'une étrange note de tristesse. Son peuple le blessa presque aussi profondément que son épouse prodigue l'avait fait. En dépit de cette détresse de l'âme, il était un optimiste confirmé. Il vit quelque chose du prodigieux amour de Dieu pour les hommes pécheurs, et perçut la victoire qu'un tel amour remporterait à la fin. Il croyait que Dieu, avec toutes ses ressources d'ingéniosité aimante, l'emporterait à la longue pour le salut de son peuple élu. Le prophète au cœur brisé fut amené à s'appuyer entièrement sur Dieu son Père et à découvrir ainsi la promesse de victoire.

Une appréciation de l'homme

Il sera spécialement intéressant pour les étudiants de la Bible de noter certaines évaluations d'Osée.

Aucun prophète d'Israël ne le dépassa dans l'appréciation de la miséricorde de l'Eternel. L'amour parfait qui exclut la peur implique choix mutuel, confiance mutuelle. Par ces moyens, Osée interpréta l'unique message dicté par son cœur affligé. Il obtint la connaissance du Dieu qui souffre parce qu'il aime ses élus et qu'il ne cessera pas de les aimer tant que subsistera l'espoir qu'ils puissent encore l'aimer.

Ce fut le privilège d'Osée d'interpréter l'Eternel dans l'effort altruiste de l'amour qui pardonne.

Une leçon générale de valeur toujours permanente est enseignée par Osée, à savoir que la corruption interne dans une nation est plus dangereuse pour son existence que ses ennemis externes. Et une leçon apparentée, étroitement liée à celle-ci, est que le plus vrai de tous les patriotes est celui qui, comme Osée, s'identifie avec son peuple, se chagrine de ses calamités comme si c'était les siennes propres, et se repent de ses péchés comme s'il les avait commis lui-même.

Osée présente un contraste frappant avec Amos, et, à la fin le supplante. Amos tonne la justice sévère, inflexible et la colère de Dieu. Osée plaide et exhorte au nom de la bonté aimante de Dieu, alors qu'Amos se préoccupe de la déloyauté de l'homme à l'égard de Dieu.

Cette sensibilité rend compte d'une autre particularité d'Osée : sa curieuse combinaison de tendresse et de férocité. Son sentiment de l'amour de Dieu le rendait très tendre, et son sentiment de la façon dont cet amour était outragé le rendait comme un lion féroce devant sa proie. L'éclair brillait dans ses yeux affaiblis par les larmes. Il flambe comme un volcan, puis apparaît comme un lys délicat et parfumé. Osée, discipliné par l'agonie d'un chagrin intime, blessé là où son amour était le plus tendre, apprit qu'il y avait de la douleur dans le cœur divin. Il n'oublia pas le jugement, mais sentit qu'il y avait davantage de chances de gagner son peuple à la repentance s'il mettait le plaidoyer avant la menace, et présentait la peine de Dieu plutôt que la colère de Dieu.

Sans aucun doute, c'est dans son enseignement de l'amour de Dieu que les chrétiens d'aujourd'hui découvrent la principale valeur d'Osée. Il avait deux corollaires. L'un était que la souffrance pour le péché, bien que nécessaire, est éducatrice ; l'autre, que Dieu n'abandonne jamais, mais finira par toucher le cœur humain au moyen de son amour.

Nous bénissons le Dieu des prophètes pour la beauté et la pureté de cet esprit qui, d'une expérience qui aurait laissé la plupart d'entre nous écrasés, remplis d'amertume et désespérés, gagna son chemin vers la lumière et la vérité claire et impérissable que Dieu est amour, et nous demande, par-dessus tout, un amour comme le sien. En nous approchant d'Osée, nous nous approchons très près du Christ. Osée approfondit et intensifia la religion, mais il la rétrécit aussi en cette possession exclusive de l'un par l'autre. La spiritualisation et le raffinement de la religion est sa grande contribution. Le fait qu'il ait également uni l'amour à la justice dans les relations humaines signifie beaucoup pour l'éthique sociale, car la guérison de la société n'est possible que par la justice et l'amour.

Si le message d'Amos fut universel, celui d'Osée fut plus étroitement national ; si celui d'Amos fut éthique, celui d'Osée fut religieux. Il n'y manque pas l'élément tendre et l'élément spirituel. Amos n'est contrôlé que par l'éthique, Osée par la religion.

Pour sa pathétique beauté, le livre n'est dépassé par aucun autre dans l'Ancien Testament. Osée ressentait la décadence de son peuple de manière aussi aiguë qu'Amos, mais, par-dessus la confusion de son temps, on entend sa voix exprimant comme un chant plaintif au milieu de l'orage : "O Israël, retourne à l'Eternel ton Dieu". Amos fut un prédicateur pour la conscience ; Osée fut un prédicateur pour le cœur.

Le livre

Le lecteur non avisé éprouvera de la difficulté à trouver le plan du livre d'Osée. L'auteur n'a organisé ses paragraphes ni développé ses arguments dans un ordre logique. Il était si profondément remué par une grande émotion qu'il saute d'une grande idée à une autre avec très peu d'égards pour l'ordre. Le livre est à peine plus qu'une "succession de sanglots". Quelqu'un l'a comparé au journal d'un soldat sur le front, écrivant entre les explosions d'obus. Les règles de la grammaire sont difficiles à respecter pour les sentiments véhéments d'Osée. Même s'il est aussi disjoint, on n'a pas beaucoup de difficulté à comprendre le dessein lancinant de son âme. Peut-être aucun autre livre ne nous laissera avec une aussi claire compréhension du fardeau qui repose sur l'âme de son auteur. Il est désespérément amoureux et ne cesse d'épancher son cœur en sanglots tandis qu'il répète son histoire d'amour. Toute la prophétie est un cri d'angoisse incessant qui invite à plusieurs reprises une nation inattentive à se repentir et à revenir à Dieu qui l'aime d'un amour impérissable. Il peint Dieu comme écrasé par une forte émotion quand il considère des gens qui ont repoussé son amour.

Il y a partout la manifestation de sentiments contradictoires ; de tendresse et d'indignation, d'amour et de haine mêlées ; d'indulgence se transformant rapidement en sévérité et l'inverse, d'espérance pour l'avenir se changeant promptement en un désespoir presque absolu... Mais Osée n'est pas illogique comme on l'a si fréquemment présenté. Son pouvoir de donner expression à un système de théologie qui devait servir désormais de base à toute pensée israélite est un facteur digne de considération dans toute évaluation de son caractère.

Le plan

Nous pouvons diviser le livre en deux sections : les chapitres 1 à 3 nous donnent un récit des expériences personnelles tragiques d'Osée et de ses souffrances. Les chapitres 4 à 14 conservent pour nous le message d'Osée délivré à son peuple. Il y présente les causes de la chute d'Israël : manque de connaissance, orgueil, instabilité, alliances impies, une monarchie irréligieuse, une religion corrompue et l'apostasie continuelle. Il termine avec trois chapitres offrant un pardon complet aux pécheurs repentants.

On peut donner le plan suivant :

- 1/2-3 /5. Le péché contre la confiance
- 4/1-6 /11. Le péché contre la vérité
- 7/1-13 /16. Le péché contre la foi
- 14/1-9. L'appel final

Nous trouvons en lui une claire révélation de l'attitude de Dieu envers le péché, des affirmations distinctes concernant son activité dans le jugement du péché, et suprêmement une déclaration et un appel de son amour. Trois mots caractérisent ces parties, à savoir péché, jugement, amour. Ces trois choses se perdent dans l'harmonie parfaite de la prophétie.

Valeur du message

Grandes idées spirituelles

Osée effectua une contribution vitale à la pensée de son peuple et à celle de générations successives.

1. <u>Connaissance de Dieu</u>

Le cœur du jeune prédicateur fut déchiré et écrasé parce que Gomer ne le comprenait pas. Elle était totalement incapable d'une telle connaissance. Les années d'association avec ce géant spirituel fin, tendre, mystique auraient dû la rendre consciente de la valeur prodigieuse de l'homme. Elle ne le connut jamais. Son cœur a dû être profondément blessé quand il s'est rendu compte à quel point elle était superficielle dans une question aussi vitale.

Il présente Dieu comme souffrant après avoir trouvé un amour méconnu. Les gens ne connaissent par leur Dieu. Ils sont stupides, sans intelligence, insensibles à tout ce qui est élevé et saint, et, par-dessus tout, ils ne sont même pas conscients de l'amour de Dieu pour eux. Leurs éducateurs - les prêtres et les prophètes - sont largement à blâmer pour ce manque de compréhension. Puisqu'ils ignorent la véritable nature du dessein de Dieu pour eux, ils ne peuvent comprendre la loyauté, l'amour, le service qui devraient caractériser quelqu'un qui s'est allié avec un Dieu de grâce.

Dieu a été actif dans ses efforts pour se révéler lui-même et pour révéler sa volonté aux hommes. Au cours des années, Dieu a utilisé des prophètes, de grandes délivrances et des bienfaits gracieux pour les amener à le connaître. L'amour réel devrait avoir le pouvoir de faire jaillir l'amour en retour. Patiemment, avec sollicitude, il s'est donné à eux. Son cœur se brise lorsqu'il se rend compte qu'ils sont douloureusement faibles dans leur conscience. Si seulement ils pouvaient parvenir à le connaître ! Osée dépeint Dieu comme un être rempli d'amour qui est disposé à aller aussi loin qu'il le faudra pour amener son peuple à s'arrêter et à prendre conscience du grand amour divin qui les enveloppe. Avec quel sérieux il essaie de les attirer à lui !

2. La description et la nature du péché

Osée chercha peut-être dans le lexique le mot le plus laid qu'il pourrait trouver et l'utilisa pour représenter le péché. Pour lui, le péché est essentiellement l'infidélité. Lorsque quelqu'un cesse d'aimer Dieu et s'en détourne pour suivre un autre, il est coupable du péché tragique. Ce que Dieu veut, c'est un amour authentique de cœurs qui ne peuvent pas même imaginer être loyaux à quelqu'un d'autre.

Le péché vieillit quelqu'un et détruit son esprit de jeunesse. La déchéance est graduelle, imperceptible, mais dangereuse et fatale. Travaillant secrètement et silencieusement, il accomplit la ruine de l'individu stupide (5/12 ; 7/9).

Le péché est contagieux, et quelqu'un qui s'expose à l'atmosphère et à la présence de ceux dont l'influence est mauvaise ne peut espérer échapper à ses conséquences (4/9).

Les effets du péché sont aussi certains et aussi naturels que le pouvoir de la gravité (8/7). Chaque zéphyr successif qui souffle revient comme un boomerang en un tourbillon dévastateur.

Le péché dérobe au peuple le pouvoir de faire des distinctions morales. L'appréciation est impossible quand le nerf optique de l'âme a été dégradé. Rien ne peut restaurer les muscles malades qui contrôlent les plus fines décisions de l'esprit.

3. Repentance authentique

Osée insiste sur le fait que chaque homme a besoin de se convertir et de revenir à Dieu (3/5 ; 5/4 ; 6/1 ; 14/1,2). Dans un sens réel, la nation est considérée comme un individu. L'alliance de Dieu avec eux est aussi sacrée et obligatoire qu'un serment de mariage. Le prophète émet un tendre appel à son épouse pour qu'elle cesse de suivre ses nouveaux amants et revienne à son époux légal. C'est dans ce même esprit qu'il dépeint Dieu comme faisant appel à la nation pécheresse. Israël est sa propre épouse. Il l'aime, la désire, attend avec amour son retour ; il l'accueillera les bras ouverts et lui pardonnera.

Pour Osée, la repentance n'est pas un simple changement dans la direction de la vie de quelqu'un. C'est un retour sur soi-même, un demi-tour. Le fait de revenir sur ses pas, une confession et une reconnaissance de ce que l'on a abandonné. Le retour à Dieu, comme la **metanoïa** du Nouveau Testament, est l'effet d'une connaissance nouvelle ; mais cette nouvelle connaissance ne porte pas sur de nouveaux faits, elle porte sur des faits qui existent depuis longtemps et qui auraient dû être appréciés auparavant. Osée en décrit trois sortes : la misère de la nation, sa grande culpabilité et la grâce inexprimable de Dieu. C'est comme le cas du fils prodigue : sa faim, son père et son cri : "J'ai péché contre le ciel et contre toi". La repentance n'est pas un simple tour ou retour. C'est un processus profond et un processus éthique, le brisement d'un sol en friche, le travail et la longue attente du semeur, la recherche et l'attente du Seigneur jusqu'à ce que lui-même envoie la pluie.

4. L'amour de Dieu

Le sens qu'avait Osée de l'amour infini de Dieu lui permit de comprendre la véritable nature du péché humain. Le prophète est saisi d'entrevoir le tendre amour de Dieu se manifestant au long des années (11/1,3), les liens d'amour divin ont tiré les plus faibles comme les plus forts. Au cours du voyage dans le désert, l'amour du Père céleste a été mis en évidence à chaque pas. Cet amour a survécu à tous les manquements cruels, à l'infidélité, à la déloyauté et à l'indifférence au cours des années. Les pécheurs peuvent rejeter et refuser d'aimer Dieu en retour, mais Dieu ne peut les contraindre en aucun cas à l'aimer malgré son dessein de les gagner. On peut résister à son amour. Dans le grand cœur divin, il y a un conflit incessant entre sa haine du péché et son amour pour le pécheur. En lui, il y a une tendresse inexprimable envers le pécheur et une indignation inexprimable à l'égard du péché et de l'ingratitude.

5. La voie du salut

Osée dépeint un Dieu qui aime si profondément qu'il ne se laissera pas détourner dans la recherche de son peuple. Son amour ne pourra échouer. Il ne lâchera pas prise jusqu'à ce que l'amour l'ait emporté et que la victoire ait couronné ses efforts. Osée connaissait Dieu suffisamment bien pour comprendre qu'il continuerait à poursuivre son peuple de cet amour inlassable jusqu'à ce que l'exil ait éteint le péché et enseigné au peuple la pure essence de l'amour divin. Ils entendraient alors l'appel du Seigneur dans leur cœur.

Tout comme Osée se rendit au marché pour racheter son épouse obstinée et la ramener à son foyer, ainsi le grand amour divin rachèterait et ramènerait sa propre épousée. Le prophète a une vision de Dieu attendant, s'affligeant, continuant, gagnant, rachetant et restaurant son épouse vagabonde. Sûrement Dieu peut rendre possible le chemin du salut.

Quelques grands textes

Elle dit : "*J'irai vers mes amants qui me donnent mon pain et mon eau, ma laine et mon lin, mon huile et ma boisson. Elle n'a pas reconnu que c'était moi qui lui donnais le blé, le moût et l'huile ; et l'on a consacré au service de Baal l'argent et l'or que je lui prodiguais*" (2/7,10).

Ces versets donnent l'image tragique d'une épouse ignorante, insensible, mal guidée, qui décide aveuglément de suivre le leurre d'amants qui promettent de satisfaire ses bas appétits. Israël était resté extérieurement loyal à Dieu, mais avait cherché à apporter une touche magique à ses champs, ses vergers, ses troupeaux de moutons et de vaches en portant ses regards sur les Baals locaux. Il était disposé à se vendre pour de simples récompenses matérielles.

Dieu veut qu'Israël comprenne que ces amants cananéens ne sont absolument d'aucun secours pour lui donner les cadeaux pour lesquels il les suit. Dieu a le contrôle du blé, du lin, de la laine et de toutes les choses matérielles semblables. Il est profondément affligé qu'il soit inconscient du fait que ces choses ont été des cadeaux divins. Les trésors de Dieu ont été déversés sur les autels de la honte.

"*C'est pourquoi voici, je veux l'attirer au désert, et je parlerai à son cœur. Je serai ton fiancé par la fidélité et tu reconnaîtras l'Eternel*" (2/16,22).

Quelle belle image de l'amour inextinguible de l'Eternel cherchant sa propre fiancée ! Quels desseins de grâce il a en réserve pour celle qu'il a aimée et gagnée pendant le voyage au désert ! Quels souvenirs des anciens jours de la lune de miel ! Les jours heureux des premières fiançailles doivent être renouvelés. Il croit qu'il pourra la gagner de nouveau à lui. Il chantera de nouveau comme dans les "bons vieux jours". Il promet que le laid passé sera oublié et que le nouveau mariage sera une affaire éternelle. La grâce portera son fruit. Les nouvelles fiançailles doivent être fondées sur la justice, le **jugement**, la **bonté** et la **fidélité**. L'image de "parler au cœur" est l'une des plus tendres de toute la littérature.

"*Je l'achetai pour quinze sicles d'argent, et un homer et demi d'orge*" (3/2).

Son amour est constant malgré l'adultère, le manque

d'amour, les vœux brisés et la désertion. Il fut heureux de racheter Israël, de le purifier et de le ramener dans son foyer et dans son cœur. Il était tombé à une place misérable et dégradante comme une concubine esclave de ses amants. Le prix qu'il paya était le prix exigé pour une esclave ordinaire. Les quinze sicles, la moitié du prix indiqué en Exode 21/32. La mesure et demie d'orge compensait probablement l'autre moitié. A la suite de l'achat public de sa femme, le mari devait la laisser pendant un certain nombre de mois dans la solitude jusqu'à ce qu'elle puisse être déclarée apte à revenir dans son foyer. Osée apprit que Dieu était prêt à pardonner, racheter et purifier Israël (cf. Es. 52/3 ; 44/22).

L'histoire de l'infidélité de l'épouse était venue avant celle de l'apostasie d'Israël. Ce ne fut pas lui qui donna l'exemple à Dieu, mais Dieu qui lui donna l'exemple du pardon. L'époux apprit le chagrin de Dieu par son propre chagrin ; mais, inversement, il n'apprit à pardonner à son épouse et à la racheter qu'en voyant Dieu pardonner à son peuple et le racheter.

"Parce qu'il n'y a point de vérité, point de miséricorde, point de connaissance de Dieu dans le pays. Il n'y a que parjures et mensonges, assassinats, vols et adultères ; on use de violence, on commet meurtre sur meurtre. Mon peuple est détruit parce qu'il lui manque la connaissance" (4/1b, 2, 6a).

Combien c'est inexprimablement tragique ! Quelle image de la situation sociale et religieuse véritable ! La corruption complète de la nation est imputée à l'irréligion. Ils ne connaissaient pas Dieu. Imaginez le patriote écoutant la lecture du bilan de son pays natal. Les trois qualités désirables sans lesquelles une nation fait faillite font totalement défaut. On ne peut trouver nulle part la fidélité, l'amour fraternel et la connaissance de l'Eternel. Le diagnostic soigneux révèle une abondance de ces choses qui font rougir de honte un vrai patriote. Parjures, mensonges, assassinats, vols et adultères remplissent le pays. L'alliance ratifiée au Sinaï a été brisée. Les neuvième, sixième, huitième et septième commandements ont été le plus complètement brisés. Le manque de connaissance de Dieu mène toujours à la corruption morale et à l'anarchie.

"Car ton peuple est comme ceux qui disputent avec les sacrificateurs. Mon peuple est détruit parce qu'il lui manque la connaissance. Ils se repaissent des péchés de mon peuple, ils sont avides de ses iniquités. Il en sera du sacrificateur comme du peuple : je le châtierai selon ses voies... parce qu'ils ont abandonné l'Eternel et ses commandements" (4/4b, 6a, 8, 9a, 10b).

Les guides spirituels sont les réels offenseurs. La situation tragique est due aux sacrificateurs infidèles et dépravés qui ont conduit le peuple dans l'ignorance et le péché. Les éducateurs sont les meneurs dans le vice et la corruption. Les amendes, les offrandes pour le péché et les honoraires enrichissent ceux qui devraient donner leur vie pour enseigner la vérité, la vénération, l'honnêteté et la Torah de Dieu. Ces sacrificateurs sont rejetés par un Dieu saint qui méprise leur enseignement et leur conduite. Leur regard sur la véritable essence de la religion les a rendus pires qu'inutiles pour la vie du peuple. Ignorant le haut privilège de leur office sacré, ils se sont réduits eux-mêmes au niveau spirituel de ceux qu'ils auraient dû élever.

Machiavel a dit : "Nous autres Italiens sommes plus irréligieux et corrompus que d'autres, parce que l'Eglise et ses représentants nous donnent le pire exemple".

"La prostitution, le vin, le moût, font perdre le sens. Car un esprit de prostitution les égare, et ils se prostituent loin de leur Dieu. Le peuple insensé court à sa perte" (4/11, 12b, 14b).

Le péché prélève son droit tragique. Osée expose brusquement l'effet de l'absorption dans le rituel, de l'indulgence à l'égard des désirs du corps et du culte immoral dans les sanctuaires. Il proclame que "le péché coupe le nerf optique de l'âme" et le rend incapable d'effectuer des distinctions morales. Quelle observation pénétrante ! La perception spirituelle est impossible. L'esprit est affaibli. Les gens sont complètement stupides. Le pouvoir d'appréciation morale a totalement disparu. Quelle leçon pour les gens de n'importe quel âge ! Il y a eu un temps de leur vie où ils pouvaient faire des distinctions morales. Le péché a entraîné la destruction inévitable des pouvoirs de perception. Lorsque cela est arrivé, les idéaux et les pratiques religieux ont baissé jusqu'à ce que toute la communauté en souffre.

"Ephraïm est attaché aux idoles ; laisse-le" (4/17 ; cf. 5/4).

Puisque la pollution est si profonde, le prophète exprime sa déclaration la plus solennelle. Le Seigneur a déjà épuisé tous les moyens possibles pour leur guérison. Le seul remède qui reste est d'abandonner Israël à l'école de l'expérience amère. Ephraïm est attaché (marié) à ses idoles. Il est entêté et obstiné. Il doit apprendre dans le creuset cruel de l'expérience qu'il est tombé loin de Dieu. Combien sérieuse est l'offense ! Le dessein de Dieu pour Israël comprend une pleine restauration de la faveur et une pleine participation aux joies de la communauté restaurée, mais pas avant que les souffrances et la purgation de l'exil aient été accomplies. Sa méthode implique de la laisser aller affronter la désolation et la famine spirituelles jusqu'à ce qu'elle revienne à son Dieu.

"Venez retournons à l'Eternel ! Car il a déchiré, mais il nous guérira. Connaissons, cherchons à connaître l'Eternel ; sa venue est aussi certaine que l'aurore" (6/1, 3).

Ces paroles sont le cri d'un reste repentant et revenant qui a appris à connaître Dieu dans la fournaise des souffrances. Elle reconnaît que son châtiment a été abondamment mérité et qu'il est venu directement de Dieu. Elle décide d'aller pour être guérie à celui qui a si patiemment attendu son retour.

La suite montre que ces belles paroles ne représentent qu'une repentance externe, un retour capricieux à Dieu de la part de gens qui n'ont jamais compris la nature sérieuse de leur offense et sont encore ignorants de la véritable nature du Dieu qu'ils ont si follement provoqué. Ils pensent à une déité facilement satisfaite, qui n'a pas de norme morale ou éthique de la justice. Cela fait mal de voir le peuple élu de Dieu dans une ignorance si dense concernant les choses les plus profondes de la religion révélée.

"Que te ferai-je, Ephraïm ? Que te ferai-je, Juda ? Votre piété est comme la nuée du matin, comme la rosée qui bientôt se dissipe. C'est pourquoi je les frapperai par les prophètes, je les tuerai par les paroles de ma bouche, et mes jugements éclateront comme la lumière. Car j'aime la miséricorde et non les

sacrifices, et la connaissance plus que les holocaustes" (6/4-6 ; cf. Mat. 9/13 ; 12/7).

Ici nous avons le cri du cœur d'un noble amoureux qui a été écrasé par l'ingratitude et les vœux brisés de celle qu'il a aimée. La pénitence exprimée dans les versets 1-3 n'est que superficielle. Dieu est maintenant désespéré de l'inconstance d'Ephraïm et de Juda. Les tendres sentiments de l'ancienne lune de miel se sont évanouis comme la rosée devant le soleil. Leurs pauvres cœurs superficiels sont incapables d'amour véritable. Le péché les a rendus rébarbatifs et irresponsables. Des prophètes ont taillé et coupé avec des paroles flétrissantes, mais leur cœur ne connaît pas encore l'amour authentique.

Ils ont toujours l'impression que le pardon peut être gagné en apportant les sacrifices prescrits à des intervalles fixés. Un tel comportement, même s'il peut se qualifier quant à la correction du détail dans les formes et les cérémonies, est une creuse moquerie. Dieu veut une conduite juste, un amour "fidèle", une loyauté de cœur consacrée plus que des sacrifices et une conformité externe aux exigences rituelles.

Amos, Esaïe et Jérémie font de leur mieux pour faire pénétrer cette pensée chez les gens qui n'ont pas de base pour une claire compréhension de questions aussi vitales. Jésus cite deux fois ce verset dans son ministère d'enseignement (Mat. 9/13 et 12/7). (Cf. aussi Amos 5/21-24 ; 1 Sam. 15/22 ; Es. 1/11ss ; Mic. 6/6ss ; Jér. 7/22 ; et Ps. 51).

"Ephraïm se mêle avec les peuples ; Ephraïm est devenu un gâteau qui n'a pas été retourné. Des étrangers consument sa force et il ne s'en doute pas ; la vieillesse s'empare de lui, et il ne s'en doute pas. Ils ne reviennent pas à l'Eternel, leur Dieu, et ils ne le cherchent pas malgré tout cela. Ephraïm est comme une colombe stupide, sans intelligence ; ils implorent l'Egypte, ils vont en Assyrie" (7/8-11).

Combien terrifiante sont les conséquences de la perversité ! Osée a traité de l'élément moral dans la vie d'Israël. Il se tourne maintenant vers une discussion de la décadence politique qui est un signe de la décadence morale du peuple. C'est une analyse pénétrante qu'il nous donne des effets de l'impureté sur la vigueur intellectuelle et les pouvoirs reproductifs de la nation.

La nation d'Israël a été appelée à se séparer des peuples de Palestine et à "oser être différente". Osée trouve qu'elle a été confrontée à un commerce extravagant, des caractères et des modes étrangers, des dieux exotiques et de bas idéaux, mais ne possède pas la fibre morale nécessaire pour résister à des courants aussi forts. Etant faible et ignorante de Dieu, elle a été complètement défaite et a été impressionnée par des étrangers au lieu de faire une impression déterminée sur eux.

Ces deux épigrammes révèlent la faiblesse des politiques étrangère et intérieure d'Israël. Il a dissipé sa force et son caractère naturels en se mêlant avec ses voisins. C'est un moment sérieux lorsqu'on est conduit à dissiper l'énergie morale par compromis, par le fait de se conformer au monde au lieu d'influencer le monde activement (cf. Rom. 12/1,2).

L'autre épigramme traite du tragique développement unilatéral d'un peuple qui est un "gâteau non retourné". La politique intérieure est aussi sérieuse que la politique étrangère. Ephraïm est comme un gâteau négligé posé sur des charbons ardents qui a été réduit en cendres d'un côté tandis que l'autre est encore cru. Israël n'est totalement bon à rien. Le manque d'achèvement et d'effort était le péché obsédant d'Israël, et il se faisait sentir de tous les côtés dans sa vie. Comment mieux décrire un peuple à moitié nourri, une société à moitié cultivée, une religion à moitié vécue, une politique de la moitié du cœur, que par un gâteau à moitié cuit ?

Osée souligne leur inconscience de ces dangereux symptômes. C'est un jour triste que celui où un homme n'est pas conscient de son éloignement de Dieu, de ses tendances à la dissipation, de son mauvais développement, de sa décadence graduelle et de ses péchés notoires qui sont si clairement visibles aux yeux de Dieu. Les signes de déchéance sénile passent inaperçus. De façon stupide, il compte son argent et se congratule de ses succès sans réaliser que sa vertu distinctive a été dissipée.

Accompagnant cette décadence, il y aura toujours la supposition d'une supériorité facile. L'homme aura une telle opinion élevée de lui-même qu'il n'éprouvera aucun besoin de se tourner vers Dieu. Il dépensera son temps, son énergie et son esprit à des poursuites insensées qui le laisseront sans défense et perdu.

"Malheur à eux parce qu'ils me fuient !... Ils me sont infidèles ! ... Ils disent contre moi des paroles mensongères. Ils ne crient pas vers moi dans leur cœur... ils méditent le mal contre moi" (7/13-15).

Quelle accusation contre le peuple de Dieu ! Pendant des années, ils ont rendu à Dieu un service du bout des lèvres et ils n'ont pas fait appel à lui, sauf lorsqu'ils craignaient la sécheresse et l'absence de moisson. Ils utilisent les moyens insensés qu'utilisaient les voisins païens pour apaiser un Dieu qu'ils ne comprennent pas. Ils prétendent qu'ils sont justifiés à se tourner vers d'autres amants puisque Dieu a refusé de les aider en retour de leur service. On leur dit que leur action réelle a été de fuir, de se rebeller, de dire des mensonges, de ne pas le prier et de méditer le mal contre lui. Nous n'avons pas besoin de nous étonner que Dieu fût prêt à les abandonner à l'exil.

"Puisqu'ils ont semé du vent ils moissonneront la tempête... Israël est englouti ! Ils sont maintenant parmi les nations, comme un vase qui n'a pas de prix" (8/7-8).

Les résultats du péché sont parfois proportionnels à son intensité. La vitesse de la chute s'accroît en raison de la distance. Le jour de la récolte est le jour des souffrances. Des terreurs imprévues sont en réserve pour celui qui a plongé dans le péché avec insouciance. Le beau vase qui offrait tant de promesses dans sa jeunesse est maintenant devenu complètement inutile parce qu'il s'est permis de se laisser absorber par les peuples de Canaan. Ce verset décrit l'histoire d'Israël pendant plus de deux mille ans. Notre cœur saigne de regarder en arrière les tragédies et les souffrances du peuple élu de Dieu (cf. 9/17).

"J'ai trouvé Israël comme des raisins dans le désert, j'ai vu vos pères comme les premiers fruits d'un figuier ; mais ils sont allés vers Baal-Péor ils se sont consacrés à l'infâme idole, et ils sont devenus abominables comme l'objet de leur amour" (9/10).

Osée décrit Dieu racontant ses premières images d'Israël pendant les jours de la lune de miel dans le désert. Il pense à eux comme étant intacts, frais, parfumés, attirants quand son œil se fixa pour la première fois sur eux. Il languit avec amour après le début de l'histoire de son peuple élu. Quelle promesse ! Quel précieux fruit ! Des souvenirs de la pureté et de la fraîcheur de sa fiancée se pressent dans son âme.

Mais un triste chapitre suit rapidement le roman de la lune de miel. Au tout premier sanctuaire de Canaan, ils s'étaient pollués, devenant une chose abominable, devenant comme ce qu'ils ont adoré. L'objet de leur culte immoral a infecté leur propre vie.

Résultat, Ephraïm (qui signifie fécond) sera stérile et ne produira pas de fruit. Ainsi Dieu dit "le fécond sera stérile". La stérilité est la conséquence d'un culte impur et pollué.

"Semez selon la justice, moissonnez selon la miséricorde, défrichez un champ nouveau ! Il est temps de chercher l'Eternel" (10/12).

Israël ne peut éviter un rude labourage. Au lieu d'une vie et d'un culte doux, facile, sans effort, il doit apprendre une discipline plus sévère. Les mottes doivent être retournées au soleil et à la pluie. Pour jouir de la grâce de Dieu, Israël doit changer ses mauvaises habitudes et se mettre en règle avec Dieu, afin qu'il puisse changer la vie de son peuple.

Au lieu de la perversité et des mensonges, il doit être disposé à semer la justice et la piété. Il est rappelé au peuple qu'il est encore temps de commencer. On leur permet le libre choix en la matière. Le choix est urgent.

"Quand Israël était jeune, je l'aimais, et j'appelais mon fils hors d'Egypte. C'est moi qui guidai les pas d'Ephraïm, le soutenant par les bras et ils n'ont pas vu que je les guérissais" (11/1,3).

De nouveau, nous avons un aperçu du tendre cœur de Dieu, qui est dépeint comme un père aimant, qui a été brisé par l'ingratitude, l'impureté et l'ignorance. Regardant au-delà des ces expériences déchirantes, il se rappelle des jours de l'Exode. Il y a peu d'images plus belles ou évocatrices dans la littérature que celle d'un père apprenant à marcher à son enfant.

Dieu passa par-dessus les garçons forts, riches et puissants de la terre dans la sélection de son fils favori sur lequel devaient venir toutes les bénédictions de l'alliance. Il choisit un esclave jeune, faible et peu attrayant du pays d'Egypte pour être l'objet de son amour et ses riches bénédictions. Il dit : "Je commençai, j'appris à l'aimer". Dieu l'aima, l'appela, le conduisit et le guérit.

Le cher garçon fut formé avec un soin affectueux. Il enseigna à ses petits pieds à marcher. Lorsqu'il était fatigué, il était soulevé dans les bras puissants d'un père. C'est une sublime image de la paternité dans tous les âges.

Malgré toute cette tendre sollicitude et ces tendres soins, le garçon a brisé le cœur du père. Tout l'amour a été prodigué en vain. En résultat, l'exil et le massacre sont inévitables. Le péché a fait son œuvre destructrice, et rien d'autre que la souffrance ne peut maintenant sauver Israël. Dans tout cela, il doit y avoir une réalisation subconsciente qu'ils ne s'appartiennent pas, mais qu'ils ont été rachetés à un grand prix et doivent être soulevés par une espérance éternelle qui ne sera pas démentie.

"Que ferai-je de toi, Ephraïm ? Dois-je te livrer, Israël ?... Mon cœur s'agite au-dedans de moi, toutes mes compassions sont émues" (11/8).

Une fois de plus, le Père proclame son amour impérissable pour ses élus. Tendrement, il exprime son amour le plus profond. Comment un père peut-il délibérément envoyer son précieux enfant à une destruction certaine ? Comment peut-il permettre à quelqu'un qu'il a aimé depuis les jours du berceau d'aller à un exil horrible ? Pourtant Dieu est Dieu ; il aimera quand même une fois de plus. Suit le plus grand passage d'Osée, le plus profond sinon le plus élevé de son livre, l'émergence de cette miséricorde inépuisable du Très-Haut qu'aucun péché de l'homme ne peut barrer ni user.

Ce verset a été appelé "le remords de Dieu", car à travers lui il est permis au lecteur de voir le cœur divin éclatant d'amour et de tendresse pour l'enfant obstiné. C'est trop demander à un père sublime que d'exiger que son fils favori soit conduit à la destruction. Sûrement, Ephraïm entendra et aura le cœur fondu par une telle défense.

"Israël, reviens à l'Eternel, ton Dieu car tu es tombé par ton iniquité. Apportez avec vous des paroles, et revenez à l'Eternel. Dites-lui : Pardonne toutes les iniquités, et reçois-nous favorablement ! Nous t'offrirons, au lieu de taureaux, l'hommage de nos lèvres" (14/1-2).

Le très sérieux plaidoyer du Seigneur continue. De nouveau, le prophète dépeint le tendre amour de Dieu pour ses enfants obstinés qui lui ont causé tant de chagrin. Il veut qu'ils sachent que la porte leur est encore ouverte pour qu'ils reviennent à la maison de leur propre père. Ils n'ont pas réussi à trouver Dieu dans le passé parce que leur approche était mauvaise. Les taureaux, les boucs et les offrandes n'ont pas été suffisants. Une observance mécanique des exigences rituelles ne pouvait être utile.

Brièvement et clairement, il expose la méthode d'approche appropriée. Dieu veut des confessions et des vœux qui viennent du cœur. Lorsqu'une âme repentante vient dans la présence de Dieu, son péché lui devient haïssable. Elle ressent le besoin de la grâce, et crie : "Enlève toute iniquité". La confession du péché apportera le plein pardon de l'Eternel qui aime d'un amour si passionné. Israël promet (verset 2) de ne plus mettre sa confiance dans l'aide d'armées étrangères. L'Assyrie et l'Egypte sont sans pouvoir pour l'aider. Les idoles qui ont été manufacturées sont également impotentes. Il abjurera tout secours humain et se jettera dans la miséricorde divine capable de délivrer et disposée à le faire.

Dieu dit : *"Je réparerai leur infidélité, j'aurai pour eux un amour sincère ; car ma colère s'est détournée d'eux"* (14/4).

Quelle belle promesse ! Combien gracieuse est la réponse de leur Père ! Pendant une longue saison, son cœur a été rempli d'un immense amour, mais leurs péchés l'ont empêché d'accorder de riches bénédictions. Maintenant, toute barrière est écartée du chemin, tout péché est confessé, et Dieu ouvre l'écluse pour laisser le torrent d'amour déborder, combler et bénir des enfants repentants. Une grâce stupéfiante trouvera le moyen de les rétablir à leur place de fils, de guérir leur âme malade, de les placer sur des sentiers de justice, et de leur révéler les profondeurs de l'amour divin. Sa colère s'est évanouie, son pardon est complet, sa grâce ne connaît pas de limites, son amour continuera à se manifester en un flot sans fin.

L'image qui suit est remplie de fraîche beauté, de parfum et d'espérance pour le peuple restauré, qui, dans sa nouvelle relation avec Dieu, se réjouira continuellement de son amour et de sa miséricorde. Jamais plus ils ne soupireront après les idoles et les anciens amants. Ils sont destinés à être toujours heureux dans la présence divine.

MICHÉE

Signification de son nom : Hébreu = Mika ou Mikah abréviation de Mikaya, Mikayahu = "Qui est comme Dieu ?".

Il est bon de trouver un honorable champion des pauvres qui a le courage et le pouvoir de délivrer un message efficace. Connaissant ses compagnons aussi intimement, Michée fut capable de présenter avec des couleurs vives le défi à la justice et à la considération. Sa profonde sympathie pour les gens opprimés vint à la vie en termes inoubliables. Son esprit brûlait de juste indignation quand il voyait l'injustice grossière pratiquée sur ses voisins et amis. Les paysans pauvres de Juda avaient un puissant champion dans ce jeune et fort prédicateur de la campagne.

L'arrière-plan

Historique et politique

La seconde moitié du huitième siècle prend place comme l'âge d'or de la prophétie de l'Ancien Testament. Tandis qu'Amos et Osée prêchaient dans le nord, Esaïe et Michée apportaient le message aux gens du sud. C'était une période de troubles, de luttes, de changement et de croissance. Les problèmes du monde étaient attaqués et des solutions trouvées. L'Assyrie arrivant rapidement au rang de tête en tant que puissance mondiale, envahissait et détruisait à la fois la Syrie et Israël. L'ombre des armées assyriennes était projetée sur Juda et les basses terres de Philistie.

En 745 av. J.C., Tiglath-Piléser III commença sa reconquête de l'Ouest. La puissance araméenne, avec ses alliés au nord de la Syrie, fut d'abord brisée. L'année 738 av. J.C.

vit les armées assyriennes à Damas et aux portes de la Samarie avec Restin et Menahem payant des sommes énormes en tribut. Cette invasion marqua le commencement de la fin de ces deux nations.

Dépendant de l'aide égyptienne, le roi de Syrie (Retsin) et le roi d'Israël (Pékach) décidèrent d'unir les peuples de l'Ouest dans une révolte contre l'Assyrie. Ils étaient fatigués de payer le tribut aux Assyriens. Jotham de Juda ne put être entraîné dans ce plan insensé, et son fils et successeur, Achaz, fut attaqué par les deux rois. Jérusalem fut prise et mise à sac avant que de l'aide puisse parvenir à Achaz. Ce fut une heure sombre pour Jérusalem. Le faible Achaz utilisa le peu de matière grise qu'il avait à sa disposition et invita le grand Tiglath-Piléser à monter pour le sauver. Rien ne pouvait plaire davantage à l'Assyrien que d'acquiescer à une telle demande. Dans un bref délai, il apparut dans le royaume de Restin avec une armée suffisante pour briser la puissance syrienne et renverser le roi. En l'année 732 av. J.C., la cité de Damas et pratiquement tout le pays d'Israël tombèrent devant les armées de Tiglath-Piléser. Achaz de Juda fut forcé de se rendre à Damas pour confirmer son allégeance à l'Assyrie et accepter sa place de roi marionnette sous contrôle assyrien.

Ainsi, les petits royaumes de l'ouest étaient complètement sous l'empire de l'Assyrie avant la mort de Tiglath-Piléser en 728 av. J.C. Samarie fut laissée comme petite cité avec un roi vassal dominant sur elle. Osée se contenta de payer le lourd tribut pendant seulement peu de temps. Lorsqu'il se rebella, les forces de Salamanasar montèrent contre la cité lourdement fortifiée et commencèrent un siège qui s'acheva, après trois années, par la prise et la destruction de la capitale d'Omri. Ainsi, en 722 av. J.C., l'éclipse du royaume du Nord était complète. La captivité était arrivée pour le royaume de Jéroboam après 209 ans.

Sargon II devint le nouveau maître de l'Assyrie et continua jusqu'à sa mort en 705 av. J.C. Le pays d'Israël était pratiquement dépeuplé avec plus de 27 000 captifs emmenés. Des garnisons assyriennes furent introduites avec des gouverneurs pour exécuter les ordres du roi d'Assyrie. Des captifs de nombreuses régions furent amenés pour repeupler le pays d'Israël.

En 720 av. J.C., une nouvelle révolte à l'ouest se révéla stérile. Achaz de Juda, demeurant loyal à l'Assyrie refusa d'avoir part au soulèvement. Mais quand Ezéchias accéda au trône de Jérusalem, il se détourna graduellement de l'Assyrie pour s'appuyer sur l'Egypte. Dans ses réformes, il renversa l'autel assyrien qu'Achaz avait rapporté de Damas en 732 av. J.C.

En 715 av. J.C., Asdod s'engagea dans une autre révolte générale. Juda, Edom et Moab, comptant sur l'Egypte refusèrent d'envoyer le tribut à Sargon. En 711 av. J.C., Sargon vint avec une puissante armée contre l'Ouest, infligeant une punition sévère aux rebelles. D'une certaine manière, Ezéchias et le peuple d'Israël échappèrent, et la Cité Sainte fut épargnée. C'est durant ces jours orageux qu'Esaïe et Michée prêchaient en Juda.

A la mort de Sargon en 705 av. J.C., le jeune et puissant Sanchérib arriva au pouvoir en Assyrie. Durant ses trois premières années, il demeura occupé à essayer de vaincre Mérodak-Baladan de Babylone et d'autres rebelles qui saisissaient l'occasion pour se révolter contre le nouveau roi.

A l'ouest, Shabaka d'Egypte, Luli de Sidon, Ezéchias de Juda et certains des petits royaumes avaient fomenté une dangereuse révolte contre le nouveau monarque assyrien. Sanchérib quitta Ninive avec une grande armée en 701 av. J.C., pour soumettre les perturbateurs et administrer plus qu'un blâme aux fauteurs de troubles égyptiens.

Pas à pas, les légions de Sanchérib avançaient vers l'ouest. Quand Sidon fut prise, le royaume de Phénicie s'effondra. Immédiatement, la Philistie fut envahie par les Assyriens victorieux. Shabaka d'Egypte arriva à la rescousse et une bataille eut lieu à Eltéké. Bien que le résultat ne soit pas pleinement connu, la puissance de l'Egypte fut sévèrement ébranlée. Bientôt, les cités de Philistie et les autres villes de Palestine furent à la merci de Sanchérib. De toutes les cités du Pays, seule Jérusalem demeura. Ezéchias et Esaïe, dépendant de Dieu empêchèrent le peuple de se rendre. Une grande délivrance arriva lorsque cent quatre vingt cinq mille soldats furent soudainement frappés. Dieu était venu au secours d'Israël. Sanchérib s'enfuit dans son propre pays, laissant Ezéchias et son peuple louer l'Eternel, leur grand Sauveur.

C'était une période remuante, avec toutes sortes de changements et de perturbations. Achaz, Ezéchias, Retsin, Esaïe, Michée, Tiglath-Piléser, Salmanasar, Sargon et Shabaka jouèrent leur rôle dans le drame qui progressait rapidement. Dieu conduisait ses adorateurs et accomplissait graduellement son propre grand dessein dans le monde.

Conditions sociales

Le prédicateur de la campagne connaissait la situation tragique en Juda et en Israël. Au dehors, là où l'on ressentait les maux sociaux de façon plus aiguë que partout ailleurs, il était capable de percevoir la souffrance des paysans sous la pression cruelle des hommes qui avaient le pouvoir, les juges vénaux, les prêtres immoraux et corrompus, les faux prophètes salariés. Les nobles prenaient un malin plaisir à dépouiller les pauvres, et le groupe entier avait érigé un mur d'inimitié, de peur et de haine qui rendait la vie misérable à toute les classes.

"Ils convoitent les champs et ils s'en emparent, des maisons, et ils les enlèvent ; ils portent leur violence sur l'homme et sur sa maison..." (2/2).

"Vous haïssez le bien et vous aimez le mal ; vous leur arrachez la peau et la chair de dessus des os" (3/2).

La nation était prête pour un effondrement. Les princes, les prêtres, les faux prophètes et le peuple étaient responsables de sa ruine.

"Vous qui avez en horreur la justice, et qui pervertissez tout ce qui est droit, vous qui bâtissez Sion avec le sang, et Jérusalem avec l'iniquité ! Ses chefs jugent pour des présents, ses sacrificateurs enseignent pour un salaire, et ses prophètes prédisent pour de l'argent ; et ils osent s'appuyer sur l'Eternel, ils disent : l'Eternel n'est-il pas au milieu de nous ? Le malheur ne nous atteindra pas" (3/9b-11).

Une avidité et une cruauté répugnantes marquent la conduite impie d'hommes qui auraient dû se comporter humainement.

"Vous enlevez le manteau de dessus les vêtements de ceux qui passent avec sécurité en revenant de la guerre. Vous chassez de leurs maisons chéries les femmes de mon peuple ; vous ôtez pour toujours ma parure à leurs enfants" (2/8b-9).

Les gens étaient si avides de richesses qu'aucune démarche n'était trop basse pour eux si un peu d'argent était en jeu. L'expérience de la vigne de Naboth se reproduisait de tous côtés. Certainement un prophète était cruellement nécessaire.

Conditions religieuses

De tous côtés, il y avait un esprit totalement étranger à la ferveur religieuse que désirait le prophète. Un type de religion méprisant, insouciant prévalait. Le peuple ne voulait aucune prédication, excepté la variété faible et insipide qui leur permettait de suivre leur voie sans embarras. C'est une heure tragique lorsque le peuple ne veut entendre que l'homme qui se fait le ministre complaisant de sa nature égoïste et immorale.

"Si un homme court après le vent et débite des mensonges : je vais te prophétiser sur le vin, sur les boissons fortes ! Ce sera pour ce peuple un prophète" (2/11).

La divination, la sorcellerie, la superstition et l'idolâtrie étaient considérables dans le pays. Les pratiques et les cultes assyriens influençaient encore le comportement religieux. Les gens manquaient d'intégrité dans une telle mesure que l'on ne pouvait se fier à personne.

"L'homme de bien a disparu du pays, et il n'y a plus de juste parmi les hommes ; ils sont tous en embuscade pour verser le sang ; chacun tend un piège à son frère. Le meilleur d'entre eux est comme une ronce, le plus droit pire qu'un buisson d'épines... Ne crois pas à un ami, ne te fie pas à un intime... chacun a pour ennemis les gens de sa maison" (7/2, 4, 5, 6).

Les faux prophètes et les prêtres étaient corrompus, égoïstes, immoraux et avides. Quel bien pouvait venir de tels maîtres ? Ces hommes étaient coupables du type de comportement qui tue la flamme spirituelle. Ils voulaient simplement de l'argent, du bien-être, une popularité bon marché et une certaine assurance qu'ils pourraient continuer à vivre dans le luxe. Ils étaient disposés à faire la guerre à tous ceux qui s'opposaient à eux.

"...*qui égarent mon peuple, qui annoncent la paix si leurs dents ont quelque chose à mordre, et qui publient la guerre si on ne leur met rien dans la bouche*" (3/5).

Les péchés de l'époque ont été résumés comme suit :

1. Oppression des pauvres : 2/2, 8, 9 ; 3/1-4.
2. Usage sans scrupule du pouvoir : 2/1 ss ; 3/10.
3. Manque d'intégrité : 6/12 ; 7/2-6.
4. Mépris téméraire de la religion : 3/5-8 ; 5/12-14.
5. Faux prophètes : 3/5, 7, 9-11.
6. Corruption avide dans le temple et l'état : 7/3.

L'homme

Combien d'entre nous pourraient identifier Michée si nous devions le rencontrer dans la rue ? Par une étude soigneuse, nous pouvons apprendre à connaître l'homme si complètement qu'il marchera devant nous, prononcera son message, blâmera les dirigeants et les autres prophètes, pleurera avec les victimes, prédira des jours plus brillants dans l'avenir, et interprétera pour nous la volonté de Dieu. Ce faisant, nous serons capables de lire, de comprendre et d'interpréter son livre comme si nous étions ses propres contemporains.

Son origine

Michée était natif d'un petit village proche de la frontière philistine du nom de Moréscheth-Gath. Jérusalem n'était éloignée que de trente-deux kilomètres. Tékoa, la patrie d'Amos, n'était qu'à vingt-sept kilomètres à l'est. Asdod, Gaza et Lakisch étaient dans le même rayon. La grande route internationale de l'Assyrie à l'Egypte coupait la vallée. A travers ce village tranquille passaient les messagers et les diplomates de la cour de Jérusalem en route vers l'Egypte.

C'était un endroit idéal pour qu'un jeune prophète vive, apprenne et prêche. Michée était un homme de la campagne qui regardait avec méfiance les résidents des villes, et pourtant il dut apprendre à aimer sa capitale avec une sincère dévotion. Il était tout à fait conscient des événements mondiaux et de leur importance. Son origine modeste le rendait capable de voir les choses dans une lumière qu'auraient bien pu lui envier des hommes d'état du monde entier.

Sa date

Dans la déclaration introductive, on nous dit que Michée prêcha durant les jours de Jotham, Achaz et Ezéchias. Ceci placerait son activité durant les années situées entre 738 av. J.C. et 698 av. J.C. Selon Jérémie 26/18, il était actif aux jours d'Ezéchias. La prophétie qui ouvre le livre était certainement dirigée contre Samarie avant le siège et la chute de cette cité en 722 av. J.C. Il se peut qu'il continua son ministère pendant un court moment au début du règne de Manassé. De toutes façons, il était actif durant le dernier tiers du huitième siècle. Esaïe et Osée furent ses contemporains. Il connut probablement Amos. Les quatre prophètes formèrent un puissant quartette en ces temps troublés.

Son équipement

On se trouve étrangement limité lorsqu'on essaie d'arriver à la pleine évaluation de l'équipement de Michée. Que lui apporta son propre foyer ? Quel sorte de père et de mère l'instruisirent ? A quel point était-il pauvre ? Amos exerça-t-il une réelle influence sur lui ? Etait-il en termes amicaux et intimes avec le prophète Esaïe.

Il serait extraordinaire de trouver une réponse à ces questions. De toutes façons, il est bon d'y être confronté. Certainement, le foyer, les parents, les voisins, les circonstances apportèrent leur contribution distincte. Michée était très probablement un homme de la campagne qui avait une suspicion naturelle pour les villes. Samarie et Jérusalem étaient les lieux où le vice, la perversité, l'irréligion étaient concentrés. Les nobles fortunés qui dépouillaient les pauvres vivaient dans ces villes. Les dirigeants, les princes, les juges, les prêtres, les faux prophètes avaient leur maison dans ces villes. Quelque chose se produisit dans le jeune cœur de Michée qui devait l'élever contre l'oppression, le vice, l'immoralité, l'usage sans scrupule du pouvoir et la pensée religieuse superficielle. Ce fut une excellente formation.

Les basses terres qui occupaient son village sont suffisamment détachées de la capitale et du corps du pays pour engendrer dans leurs fils une indépendance d'esprit et de sentiment, mais suffisamment au bord du vaste monde pour les doter en même temps de ce sens des responsabilités de la guerre que les hommes d'état nationaux, au loin et à l'aise à Sion, ne pouvaient absolument pas partager.

Cependant, son équipement réel, était d'une nature plus fine et plus précieuse. Il dit :

"Mais moi, je suis rempli de force, de l'Esprit de l'Eternel, je suis rempli de justice et de vigueur, pour faire connaître à Jacob son crime, et à Israël son péché" (3/8).

Il possédait de l'intégrité éthique, du courage et une véracité résolue lorsqu'il annonçait tout le conseil de Dieu aux nobles, aux juges, aux dirigeants et aux prophètes. Il était l'homme de Dieu, avec ses dons particuliers et avec suffisamment de courage pour poursuivre inexorablement dans l'accomplissement de la volonté divine.

Sa personnalité

Dans ses goûts, ses aversions, ses convictions et l'accent mis sur la justice sociale, Michée était décidément semblable à Amos et Elie. Il était un véritable patriote qui aimait son pays, sa capitale mais surtout son propre peuple pauvre et foulé aux pieds. Ses convictions étaient enracinées et fondées profondément, au point qu'il était capable de maintenir un front sévère, vigoureux, sans peur en dénonçant les maux de son époque. Sa sincérité sans feinte avait du poids partout où il allait. Sa passion pour la justice le poussait en avant avec une parole enflammée contre ceux qui manquaient aux normes éthiques. Le "paysan non frelaté" cherchait toujours la justice et la miséricorde pour ses amis paysans qui souffraient si amèrement. Il était artiste dans l'emploi de chiffres, de comparaisons, de descriptions et de mots qui portaient une valeur particulière. Tandis que Michée parlait, il avait devant lui des vies gâchées et des dos courbés, des faces de paysans angoissés désirant comprendre toutes ses paroles.

Evaluation de l'homme

Cet homme a pu être le dernier des quatre. Il peut sembler faire son chemin lourdement là où les autres s'élèvent avec des ailes comme des aigles. Mais il lui fut donné par l'inspiration de Dieu d'exposer, comme aucun autre ne l'a jamais fait, les éléments essentiels, simples, majestueux, inaltérables de la vraie religion.

Michée avait un fort préjugé naturel contre le luxe, l'indulgence pour soi-même et les vices de la ville. Sans peur, sans pitié, sévère, il dénonçait avec la justice résolue d'Amos, et, néanmoins, plaidait avec la profonde compassion d'Osée. Le cri des pauvres éveillait la prophétie dans son âme.

Connaissant intimement ses compagnons de la campagne, et sympathisant profondément avec leurs souffrances et leurs maux, son esprit brûlait d'indignation lorsqu'il contemplait l'injustice et la tyrannie de leurs riches oppresseurs.

Michée se trouva être seulement une voix de plus criant au nom de Dieu contre "l'inhumanité de l'homme à l'égard de l'homme". Sa voix est une voix particulièrement poignante lorsqu'il parle des torts faits aux pauvres. Il n'y a pas dans la Bible, de dénonciation des riches oppresseurs qui porte davantage que les mots qui ouvrent son second chapitre. Et dans le combat qui dura des âges parmi les plus nobles esprits d'Israël pour élaborer quelque chose de cette égalité entre riches et pauvres qui, croyaient-ils, était la volonté de Dieu, Michée joua un rôle juste et honorable.

Michée fournit une étude intéressante. Il appartenait au peuple ; ses sympathies allaient à ceux dont il partageait la vie. Loin de la foule insensée de ceux qui combattaient pour la faveur et la préférence, il regardait les choses, non avec l'œil du diplomate ou de l'intrigant du parti, mais avec la claire vision du spectateur qui voit la plus grande partie du jeu.

Chapitre 6, verset 8 : rien dans l'Ancien Testament ne surpasse cette déclaration pour résumer la vision prophétique de ce que Dieu exige de ses adorateurs. Le véritable génie religieux d'Israël palpite dans ces mots. Ils lient l'éthique à la piété, réunissant dans une puissante synthèse le devoir envers Dieu et le devoir envers l'homme.

Michée n'a pas la largeur de vue d'Esaie, mais il voyait plus profondément dans le cœur des choses. A ses yeux, le Royaume de Dieu n'était pas basé sur une citadelle terrestre, quelque splendide ou inébranlable qu'elle fût, mais dans le cœur d'hommes et de femmes, ces simples qui craignaient Dieu et faisaient sa volonté - trait de lumière réellement précurseur de la vérité que Jésus fut le premier à rendre claire, que *"Dieu est Esprit ; et ceux qui l'adorent, l'adorent en Esprit et en vérité"* (Jean 4/24).

Il diffère cependant d'Amos en sympathisant plus profondément avec les souffrances des paysans opprimés ; il laisse l'impression qu'il était lui-même sous la herse. Michée avait une personnalité ardente et vigoureuse, et employait des modes d'expression puissants. Aucun prophète n'est plus amer - nous pourrions presque dire sauvage - dans sa condamnation des maux sociaux de son époque. Comme Amos, il combattait pour la justice ; et pour un type de justice qui donnait leur pleine valeur aux droits et aux besoins de la personnalité humaine.

Ses exhortations à la repentance adressées aux riches, aux juges et aux faux prophètes sont inspirés par le plus profond zèle moral ; il est sous ce rapport un nouvel Amos.

Chapitre 6, verset 8 : un parfait idéal de religion ! Une conception de la religion qui m'apparaît comme une inspiration de génie aussi merveilleuse que l'art de Phidias ou la science d'Aristote !

Le livre

Le livre de Michée se tient à la sixième place parmi les prophètes dans la Bible hébraïque, mais se trouve à la troisième place dans la version des Septante.

Contenu et plan

Nous avons une collection de prières et de sermons de Michée disposés logiquement pour mettre en évidence le plan de corruption, de châtiment, de correction, de salut d'un petit reste, et de belles promesses pour la future bénédiction de Sion. Samarie et Jérusalem sont dénoncées comme coupables devant le grand Juge de l'univers. La captivité et l'exil sont inévitables. L'injustice sociale est blâmée. L'infidélité et la malhonnêteté sont dénoncées ; les abus païens sont combattus, et le jugement de Samarie, de Jérusalem et du Temple est annoncé positivement. La délivrance certaine de Babylone est promise, et une nouvelle cité et une nouvelle nation sont prédites. Les images messianiques sont exceptionnellement belles.

- 1, 2. Le jugement de Samarie et de Jérusalem.
  Un petit reste sera sauvé.
  1/2-16 : Les deux capitales doivent être détruites.
  2/1-11 : Causes du jugement.
  2/12,13 : Une promesse de restauration.
- 3/1-5/15. Les péchés des faux prophètes et des dirigeants.
  La dévastation présente doit laisser place à l'exaltation.
  3/1-12 : Les dirigeants et les faux prophètes sont corrompus.
  4/1-5 : Un tableau messianique de restauration et de gloire.
- 6, 7. La grande controverse de Dieu avec Israël et son résultat ultime.
  Les exigences de la vraie religion.
  La voie du salut donnée.

Quelques prédictions :

Nous trouvons dans le livre les prédictions précises suivantes :

1. Samarie, la capitale d'Israël, tombera : 1/6,7.
2. Jérusalem et son temple seront détruits : 3/12 ; 7/13.
3. Le peuple de Juda sera emmené à Babylone : 4/10.
4. Le peuple de Dieu sera ramené de captivité : 4/1-8 ; 7/11, 14-17.

5. Le Messie naîtra à Bethléhem : 4/8 ; 5/1-3.
6. La paix universelle viendra lorsque les hommes de toutes les nations seront instruits à ses pieds : 4/1-5.

Style du livre

Michée utilisa un style vigoureux, vivant, frais, direct, qui dépeignait clairement la situation tragique qui l'environnait. Il aimait suivre la loi de récurrence, utilisant à maintes reprises le même matériau en ajoutant des détails çà et là. Nombre de ses phrases sont embrouillées et apparemment déconnectées. Des éclairs d'indignation, des descriptions vivantes, de belles promesses se suivent les uns les autres en une succession rapide. Il aimait les références historiques, et, en les introduisant, il se permettait fréquemment des interruptions et des réponses dramatiques. Il utilisait un bon hébreu, élégant, classique. Les passages lyriques prenaient facilement la forme d'une prière ou d'un psaume. Pour un lecteur moderne qui sait peu de choses de la Palestine et des événements réels de l'époque de Michée, le livre apparaît confus, difficile et pratiquement dépourvu de sens.

Intégrité du livre

Jusqu'au milieu du dix-neuvième siècle, il y a eu peu de contestation sur l'unité du livre. On pensait que Michée en était l'auteur dans sa totalité. Il vécut, prêcha et écrivit aux jours de Jotham, d'Achaz et d'Ezéchias de Juda.

Le livre n'est certainement pas le rapiéçage d'interpolations qu'on dit parfois être. C'est un grand livre, avec un message éternel, provenant entièrement du ministère riche en événements d'un puissant prédicateur paysan, Michée, le Moraschtite. Pour notre part, nous traiterons toutes les sections du livre comme la Parole de Dieu pour nous.

Son idée de Dieu

Michée chercha à socialiser et rendre éthique la conception courante, populaire, de Dieu. Les gens de son époque étaient très religieux, mais ils avaient besoin d'une religion plus riche et plus humanisée. Michée voulait que les gens sachent que tout acte insociable est une insulte à Dieu. A sa propre façon, Dieu regarde la conduite des dirigeants et des nobles qui chassent les pauvres de leur maison, pillent le public, volent, corrompent et se font les ministres complaisants des riches, et il est profondément offensé par leur comportement. A cause de tout cela, le Seigneur est déterminé à les amener en jugement. Car l'Eternel est un Dieu glorieux en pouvoir, saint dans son caractère et ses buts, soigneux pour exiger de son peuple des choses précises.

• Il est un Juge : 1/3, 6 ; 3/12. A cause d'une conduite inique, les gens doivent souffrir des conséquences incroyables.
• Il est un Dieu de justice éthique : 6/8 ; 2/1, 2 ; 3/2, 3, 10, 11 ; 7/2.
• Il est un Dieu qui aime la paix : 4/3 ; 5/5.
• Il est un Dieu d'espérance et de promesse : 7/7, 18-20.

Valeur du message

Le livre a un message défini pour notre époque. Le même Dieu juste qui n'a jamais abaissé ses normes éthiques élevées est en train d'élaborer le même grand dessein et est désireux de nous conduire à montrer la même conduite morale élevée à laquelle Michée poussait son peuple. Le défi des paroles de ce prédicateur de la campagne est prodigieux. Laissons-le venir à nos assemblées aujourd'hui pour nous briser avec son frais message. La religion signifiait pour lui traitement équitable, contrainte, honnêteté intégrale, considération, intégrité et une marche intime avec un Dieu amical.

Quelques grands textes

"Ecoutez, vous tous, peuples ! Sois attentive, terre, et ce qui est en toi ! Que le Seigneur, l'Eternel, soit témoin contre vous..." (1/2).

Le prophète dépeint Dieu comme entièrement attentif à la situation sérieuse dans le pays. Dieu ne dort pas. Il est vigilant, actif, anxieux au sujet de son peuple. Des maux gigantesques et des injustices grossières doivent être traités par une visitation depuis son saint temple. Dieu est assis pour juger ceux qui ont provoqué tant de chagrins et d'agonies parmi leurs compagnons.

"Malheur à ceux qui méditent l'iniquité et qui forgent le mal sur leur couche ! Au point du jour ils l'exécutent, quand ils ont le pouvoir en main..." (2/1-11).

Les péchés du peuple sont placés devant nous avec une rude franchise. Ils sont accusés de la prostitution de leur privilège élevé. Des hommes égoïstes gisent éveillés, forgeant des plans pour dépouiller les paysans pauvres et sans défense. La cupidité conduit à l'accaparement des terres, à l'éviction et à l'esclavage. Cet usage sans scrupules du pouvoir est un crime inexcusable. La responsabilité, la position et le prestige devraient les humilier et les amener à se consacrer à une tâche élevée. Au lieu de cela, des tentatives avides pour réduire au silence le réformateur qui exige une conduite juste. Ces pécheurs deviennent grossiers et se dégradent jusqu'à mépriser les choses et les institutions sacrées. Ils acquièrent une conception basse du prédicateur et de sa prédication. Seul l'exil peut remédier à la situation. Pour cette raison, Dieu amènera sur eux de cruelles souffrances.

"Je te rassemblerai tout entier, ô Jacob ! Je rassemblerai les restes d'Israël... Leur roi marchera devant eux et l'Eternel sera à leur tête" (2/12, 13).

Le prophète a un message d'espoir pour les exilés. Le Seigneur est un Dieu miséricordieux qui accorde sa faveur non méritée aux gens qui se repentent. Le rassemblement et le retour dans la patrie seront certains, tendres et gracieux. Les gens seront en sécurité et protégés sous la conduite du Berger. Dieu est à leur tête (cf. Ps. 33).

"Vous haïssez le bien et vous aimez le mal ; vous leur arrachez la peau et la chair de dessus des os... Ils dévorent la chair de mon peuple,... Vous qui avez en horreur la justice, et qui pervertissez tout ce qui est droit, vous qui bâtissez Sion avec le sang, et Jérusalem avec l'iniquité ! Ses chefs jugent pour des présents, ses sacrificateurs enseignent pour un salaire, et ses prophètes prédisent pour de l'argent ; et ils osent s'appuyer sur l'Eternel, ils disent : l'Eternel n'est-il pas au milieu de nous ? Le malheur ne nous atteindra pas" (3/1-3 ; 9-11).

Les juges, les prêtres, les faux prophètes et les dirigeants sont représentés comme des cannibales lors d'une grande fête, dévorant les gens pauvres et sans défense. La cruauté, la méchanceté, la corruption et l'oppression doivent être punies sévèrement par un Dieu juste qui ne peut continuer à observer un comportement inhumain. Il ne sera pas répondu à leurs cris pour obtenir miséricorde au jour de leur détresse. C'est un crime d'égarer les gens et de déclancher une guerre contre celui qui ne fait pas de présents. Ces gens qui sont complaisants à l'égard du pouvoir seront laissés sans secours lorsque Dieu leur tournera le dos. Le soleil se couchera sur les prophètes.

"Mais moi, je suis rempli de force, de l'Esprit de l'Eternel, je suis rempli de justice et de vigueur, pour faire connaître à Jacob son crime, et à Israël son péché" (3/8).

Le vrai prophète se révèle lorsqu'il s'avance avec une sainte audace. En contraste avec les mercenaires serviles, Michée revendique un frais courage, né de l'Esprit qui l'habite. Son pouvoir est mis à la disposition d'une protestation positive et passionnée contre les maux de son époque. Quel prédicateur puissant il fut ! Dieu l'utilisa en faisant brûler son message dans des cœurs égoïstes.

"Il arrivera dans la suite des temps, que la montagne de l'Eternel sera fondée sur le sommet des montagnes, qu'elle s'élèvera par-dessus les collines, et que les peuples y afflueront. Des nations s'y rendront en foule, et diront : Venez et montons à la maison de l'Eternel... Afin qu'il nous enseigne ses voies, et que nous marchions dans ses sentiers... Il sera juge d'un grand nombre de peuples, l'arbitre de nations puissantes..." (4/1-3).

Cette citation a été décrite comme "placée telle une oasis au milieu des désolations de la perversité et des injustices, ou comme un pic montagneux très élevé s'élevant dans une grandeur solitaire au-dessus des marécages miasmatiques du matérialisme égoïste". C'est vraiment la vision splendide. Ces promesses devraient parvenir à des cœurs languissants comme un tonique pour restaurer la vigueur, l'espoir, la stabilité et la foi.

A une heure ou des sommes considérables sont déversées pour procurer des instruments de guerre porteurs de mort, il est bon d'avoir la vision divine et sans âge d'un peuple réuni et assis autour de l'Arbitre éternel. Les disputes, les différends, les guerres, les haines et les incompréhensions seront hors de question quand il enseignera, jugera et dirigera nos vies. Il pourra amener une condition de l'esprit qui rendra la paix universelle possible. Les matériels de guerre et les idées belliqueuses laisseront la place à des poursuites pacifiques. A son heure bénie, nous verrons l'accomplissement de cette vision divine pour ses créatures.

"Ils habiteront chacun sous sa vigne et sous son figuier ; et il n'y aura personne pour les troubler, car la bouche de l'Eternel a parlé" (4/4).

Le prophète nous a donné un aperçu sur une maison idéale ou règnent la sécurité, le contentement, la tranquillité et le bonheur authentique. Il se rend compte que la tranquillité domestique est la base de la bonne volonté et de l'équité internationales parmi les peuples de la terre. Lorsque la maison est heureuse et en sécurité, nous pouvons nous attendre à ce que les choses se meuvent normalement. Il faut cultiver et laisser agir les forces spirituelles divines avant que ceci puisse être vrai. Le spirituel doit rendre la maison sûre. Les conditions chaotiques du monde résultent du chaos de la vie domestique et religieuse. Michée croyait que les gens qui viendraient et s'assiéraient aux pieds du Messie seraient transformés et fortifiés de sorte que les maisons du pays seraient changées. C'est un défi pour nous que de nous mettre en règle avec Dieu, puis de chercher à faire de nos maisons des lieux adaptés à sa présence.

"Fille de Sion, souffre et gémis comme une femme qui accouche ! Car maintenant tu sortiras de la ville et tu habiteras dans les champs, et tu iras jusqu'à Babylone. Là tu seras délivrée, c'est là que l'Eternel te rachètera..." (4/10).

Avant la fin du huitième siècle, Dieu donna, par le moyen de son prophète, le programme pour Juda. Il comprenait : 1) l'angoisse, 2) la souffrance, 3) le châtiment, 4) l'exil, 5) le retour, 6) un nouveau royaume d'âmes rachetées, et 7) l'évangélisation des nations grâce au travail de ce reste saint. Babylone les retiendrait pendant un temps, mais Jérusalem doit revivre, afin que les peuples de la terre puissent entendre la bonne nouvelle. Le dessein de Dieu se réalisera malgré le péché, la captivité et la souffrance. Dieu ne se hâte jamais. Nous pouvons devenir impatients et nous plaindre, mais il progresse triomphalement dans sa marche victorieuse vers l'heure où tous les hommes viendront à lui dans l'humilité et un abandon consacré et ploieront les genoux devant le Seigneur.

"Et toi, Bethléhem Ephrata, petite entre les milliers de Juda, de toi sortira pour moi celui qui dominera sur Israël... Il se présentera, et il gouvernera avec la force de l'Eternel... c'est lui qui ramènera la paix" (5/1-4).

La petite Bethléhem doit être honorée de façon signalée par la venue de l'Oint qui se présentera et paîtra son troupeau, rassemblera le restant de ses frères, les établira par son pouvoir divin pour propager sa Parole parmi les nations, les protégera contre elles. Il ôtera d'eux l'amour du militarisme et de l'idolâtrie, et établira son nom parmi eux pour toujours.

Cette image d'un conquérant divin doit trouver son accomplissement dans le Christ, qui gagna ses victoires non par la force ou par le pouvoir, mais par son Esprit. Il vint comme un humble bébé de la lointaine Bethléhem pour apporter le salut à un monde qui avait si cruellement besoin d'un Sauveur. Lorsque les sages vinrent à Jérusalem cherchant le nouveau Roi, ils furent guidés jusqu'à Bethléhem par cette parole de Michée vieille de sept cents ans (cf. Mat. 2/6 ; Jean 7/42). Dans cette petite cité arrivèrent le plus grand événement et la plus grande personnalité de l'histoire d'Israël.

"Le reste de Jacob sera au milieu des peuples nombreux comme une rosée qui vient de l'Eternel, comme des gouttes d'eau sur l'herbe" (5/6).

Nous devons à Michée la figure des qualités rafraîchissantes du "reste" de Dieu. La rosée venant de Dieu, les gouttes d'eau sur l'herbe sont des dons de Dieu à un monde qui a besoin du contact vitalisant, créatif, rafraîchissant du divin donateur. Le prophète voit la prépondérance du reste et l'élévation du petit nombre d'élus. La minorité du Maître, composée d'un petit nombre d'âmes rares, a toujours été l'instrument de Dieu pour modeler un ordre social et spirituel meilleur. Un tel reste est toujours puissant, dans de nombreux cas, créatif. Dieu peut faire des miracles par le moyen du groupe qui est volontaire pour se séparer dans une authentique consécration à la volonté du Maître.

"On t'a fait connaître, ô homme, ce que qui est bien ; ce que l'Eternel demande de toi, c'est que tu pratiques la justice, que tu aimes la miséricorde, et que tu marches humblement avec ton Dieu" (6/8).

Dans un paragraphe dramatique, Michée présente l'Eternel en procès avec son peuple. C'est un moment solennel quand leur Dieu entre en controverse avec eux pour présenter la religion authentique et ses exigences. De manière à faire impression, il leur rappelle les nombreuses choses qu'il a faites pour eux au cours des années. La miséricorde et la bonté ont été déversées sur eux à profusion. Quand leurs cœurs sont prêts à se briser sous le poids de la tendre bienveillance de Dieu, ils s'inquiètent des exigences de Dieu à leur égard.

Michée présente les éléments essentiels et simples de la religion réelle dans un verset qui a pris sa place parmi les trésors vraiment grands de l'Ecriture. Israël ne peut espérer vivre qu'avec une justice honnête, une bonne éthique des affaires, un groupe de prophètes sincères, une noblesse raisonnable, et un peuple qui marche humblement avec Dieu. Michée les prie de montrer un rituel vrai, un culte vrai, une moralité vraie qui aboutiront à un comportement vrai. Il ne substitue pas la moralité à la religion. La conduite extérieure est essentielle, mais elle dépend du caractère intérieur. Ce caractère intérieur à son tour dépend de la communion personnelle avec Dieu. Ceci forme l'un des passages les plus imposants de l'Ancien Testament, devant l'esprit duquel toutes les autres religions orientales cachent leur tête baissée.

Les principales notes de cette religion authentique sont la réalité, la rectitude éthique, la méfiance à l'égard de la forme et du rituel, une conduite juste et la primauté de l'expérience personnelle. La religion doit s'élaborer dans des institutions sociales droites et traduire la miséricorde en actes quotidiens par une marche intime, personnelle avec un Dieu aimant. Dieu exige leur vie, leur amour, leur confiance, leur loyauté. Le bon vouloir de Dieu est assuré non par l'observance soigneuse du rituel, mais en vivant en harmonie avec les principes de la justice, en pratiquant avec diligence la bienveillance et l'amour fraternel, et en maintenant une communion vivante avec Dieu dans l'esprit d'humilité.

Trop opposé au système sacrificiel sophistiqué pratiqué par les Israélites, Michée propose cet exposé clair, bref, global du véritable culte. Il rassemble dans une seule phrase le point capital des messages des trois autres prophètes. La note clé de l'enseignement d'Amos est la justice, Osée frappe la note riche, plus profonde de l'amour. Esaïe appelle à une communion humble, soumise au Dieu saint : la "Religion de l'Esprit". Il y a encore un long chemin jusqu'à la plénitude de midi ; mais la vraie lumière brille, et brillera de plus en plus jusqu'au jour parfait en Christ Jésus.

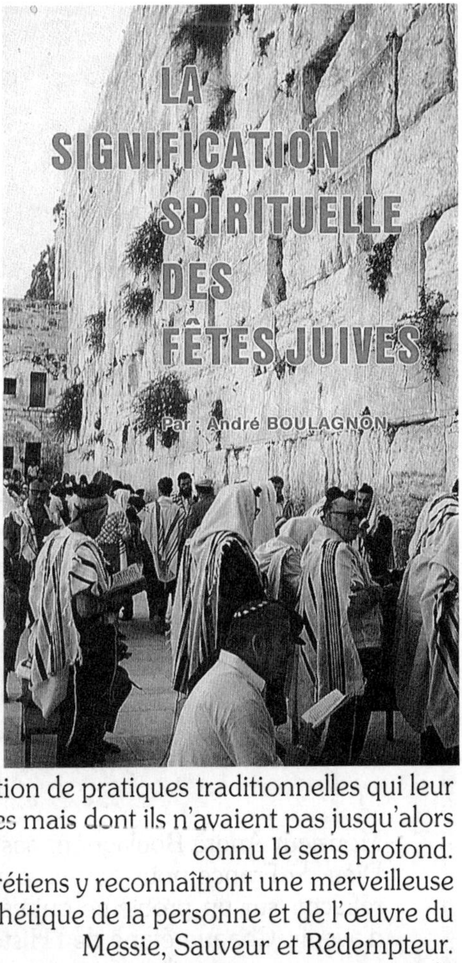

L'auteur décrit et analyse avec beaucoup de précision les fêtes du peuple juif. On en perçoit le caractère pittoresque et émouvant tout en découvrant les origines historiques et la portée spirituelle de chaque détail.

Bien des Israélites, sans doute, y trouveront l'explication de pratiques traditionnelles qui leur sont familières mais dont ils n'avaient pas jusqu'alors connu le sens profond.

Bien des chrétiens y reconnaîtront une merveilleuse illustration prophétique de la personne et de l'œuvre du Messie, Sauveur et Rédempteur.

Les uns et les autres recueilleront au passage de précieuses leçons pour leur vie individuelle de relation quotidienne avec Dieu. On peut espérer que cette édification commune contribuera à les rapprocher encore en un seul homme nouveau... un seul corps... ayant accès auprès du Père dans un même Esprit !

114 pages